"十三五"国家重点图书出版规划项目
交通运输科技丛书·公路基础设施建设与养护
港珠澳大桥跨海集群工程建设关键技术与创新成果书系
国家科技支撑计划资助项目（2011BAG07B05）

港珠澳大桥工程节能减排评价方法及应用

Accounting Evaluation Method and Application for Energy Saving and Emission Reduction of Hong Kong-Zhuhai-Macao Bridge Engineering Projects

李兴华　苏权科　刘建昌
孔雷军　傅毅明　刘胜强　等 著

内 容 提 要

本书以作者在工程节能减排领域的研究成果为主要内容,以大型集群工程建设和运营期节能减排定量核算为主线,系统地阐述大型集群工程节能减排的衡量指标,详细地介绍了大型集群工程内源性和外源性的能源消耗、温室气体排放和污染物排放的核算方法,分析建设期和运营期节能减排的定量关系,评价相关工程的节能减排效果。全书依托具体工程实例,对工程节能减排的边界划分、指标体系、核算方法、措施效果等关键问题进行了剖析,对实际工程节能减排工作具有参考价值。

本书可供从事大型工程设计、建设、管理的科技人员使用,也可作为高等院校能源经济、环境保护专业师生的参考用书。

Abstract

This book makes a quantitative calculation and evaluation of energy saving and emission reduction of large-scale cluster project in construction and operation period, based on the energy saving and emission reduction research findings of the author. This book systematically expounds the measurement index of energy saving and emission reduction, and accounting method of endogenous and exogenous energy consumption, CO_2 and pollutant emission. Meanwhile, this book analyzes the quantitative relationship between energy conservation and emission reduction during the construction period and operation period, and evaluates the effect of energy conservation and emission reduction of practical projects. Based on specific engineering examples, this book analyzes the key issues such as the boundary division of energy saving and emission reduction, index system, accounting method and effect of measures, which are of important reference value to energy saving and emission reduction of actual projects.

This book is available for personnel engaged in large-scale project design, construction and management, as well as reference book for teachers and students in energy economy and environmental protection fields.

交通运输科技丛书编审委员会

(委员排名不分先后)

顾　问：陈　健　周　伟　成　平　姜明宝

主　任：庞　松

副主任：洪晓枫　袁　鹏

委　员：石宝林　张劲泉　赵之忠　关昌余　张华庆

　　　　郑健龙　沙爱民　唐伯明　孙玉清　费维军

　　　　王　炜　孙立军　蒋树屏　韩　敏　张喜刚

　　　　吴　澎　刘怀汉　汪双杰　廖朝华　金　凌

　　　　李爱民　曹　迪　田俊峰　苏权科　严云福

港珠澳大桥跨海集群工程建设关键技术与创新成果书系编审委员会

顾　　　问：冯正霖
主　　　任：周海涛
副 主 任：袁　鹏　朱永灵

执 行 总 编：苏权科
副 总 编：徐国平　时蓓玲　孟凡超　王胜年　柴　瑞

委　　　员：(按专业分组)
　　岛隧工程：孙　钧　钱七虎　郑颖人　徐　光　王汝凯
　　　　　　　李永盛　陈韶章　刘千伟　麦远俭　白植悌
　　　　　　　林　鸣　杨光华　贺维国　陈　鸿
　　桥梁工程：项海帆　王景全　杨盛福　凤懋润　侯金龙
　　　　　　　陈冠雄　史永吉　李守善　邵长宇　张喜刚
　　　　　　　张起森　丁小军　章登精
　　结构耐久性：孙　伟　缪昌文　潘德强　邵新鹏　水中和
　　　　　　　丁建彤
　　建设管理：张劲泉　李爱民　钟建驰　曹文宏　万焕通
　　　　　　　牟学东　王富民　郑顺潮　林　强　胡　明
　　　　　　　李春风　汪水银

《港珠澳大桥工程节能减排评价方法及应用》
编 写 组

组　　长：李兴华　苏权科
副组长：刘胜强　刘建昌　孔雷军　傅毅明
编写人员：徐洪磊　衷　平　蔡晓波　周永川　邱天然
　　　　　鲁华英　李洁玮　郑学文　邢燕颖　杨秀军
　　　　　汪　鹏　王小军　柴　瑞　苏宗贤　刘　彬

总 序
General Preface

科技是国家强盛之基,创新是民族进步之魂。中华民族正处在全面建成小康社会的决胜阶段,比以往任何时候都更加需要强大的科技创新力量。党的十八大以来,以习近平同志为总书记的党中央作出了实施创新驱动发展战略的重大部署。党的十八届五中全会提出必须牢固树立并切实贯彻创新、协调、绿色、开放、共享的发展理念,进一步发挥科技创新在全面创新中的引领作用。在最近召开的全国科技创新大会上,习近平总书记指出要在我国发展新的历史起点上,把科技创新摆在更加重要的位置,吹响了建设世界科技强国的号角。大会强调,实现"两个一百年"奋斗目标,实现中华民族伟大复兴的中国梦,必须坚持走中国特色自主创新道路,面向世界科技前沿、面向经济主战场、面向国家重大需求。这是党中央综合分析国内外大势、立足我国发展全局提出的重大战略目标和战略部署,为加快推进我国科技创新指明了战略方向。

科技创新为我国交通运输事业发展提供了不竭的动力。交通运输部党组坚决贯彻落实中央战略部署,将科技创新摆在交通运输现代化建设全局的突出位置,坚持面向需求、面向世界、面向未来,把智慧交通建设作为主战场,深入实施创新驱动发展战略,以科技创新引领交通运输的全面创新。通过全行业广大科研工作者长期不懈的努力,交通运输科技创新取得了重大进展与突出成效,在黄金水道能力提升、跨海集群工程建设、沥青路面新材料、智能化水面溢油处置、饱和潜水成套技术等方面取得了一系列具有国际领先水平的重大成果,培养了一批高素质的科技创新人才,支撑了行业持续快速发展。同时,通过科技示范工程、科技成果推广计划、专项行动计划、科技成果推广目录等,推广应用了千余项科研成果,有力促进了科研向现实生产力转化。组织出版"交通运输建设科技丛书",是推进科技成果公开、加强科技成果推广应用的一项重要举措。"十二五"期间,该丛书共出版72册,全部列入"十二五"国家重点图书出版规划项目,其中12册获得国家出版基金支持,6 册获中华优秀出版物奖图书提名奖,行业影响力和社会知名度不断扩大,逐渐成为交通运输高端学术交流和科技成果公开的重要平台。

"十三五"时期,交通运输改革发展任务更加艰巨繁重,政策制定、基础设施建设、运输管理等领域更加迫切需要科技创新提供有力支撑。为适应形势变化的需要,在以往工作的基础上,我们将组织出版"交通运输科技丛书",其覆盖内容由建设技术扩展到交通运输科学技术各领域,汇集交通运输行业高水平的学术专著,及时集中展示交通运输重大科技成果,将对提升交通运输决策管理水平、促进高层次学术交流、技术传播和专业人才培养发挥积极作用。

当前,全党全国各族人民正在为全面建成小康社会、实现中华民族伟大复兴的中国梦而团结奋斗。交通运输肩负着经济社会发展先行官的政治使命和重大任务,并力争在第二个百年目标实现之前建成世界交通强国,我们迫切需要以科技创新推动转型升级。创新的事业呼唤创新的人才。希望广大科技工作者牢牢抓住科技创新的重要历史机遇,紧密结合交通运输发展的中心任务,锐意进取、锐意创新,以科技创新的丰硕成果为建设综合交通、智慧交通、绿色交通、平安交通贡献新的更大的力量!

2016 年 6 月 24 日

序 Preface

2003年,港珠澳大桥工程研究启动。2009年,为应对由美国次贷危机引发的全球金融危机,保持粤、港、澳三地经济社会稳定,中央政府决定加快推进港珠澳大桥建设。港珠澳大桥跨越珠江口伶仃洋海域,东接香港特别行政区,西接广东省珠海市和澳门特别行政区,是"一国两制"框架下粤、港、澳三地合作建设的重大交通基础设施工程。港珠澳大桥建设规模宏大,建设条件复杂,工程技术难度、生态保护要求很高。

2010年9月,由科技部支持立项的"十二五"国家科技支撑计划"港珠澳大桥跨海集群工程建设关键技术研究与示范"项目启动实施。国家科技支撑计划,以重大公益技术及产业共性技术研究开发与应用示范为重点,结合重大工程建设和重大装备开发,加强集成创新和引进消化吸收再创新,重点解决涉及全局性、跨行业、跨地区的重大技术问题,着力攻克一批关键技术,突破瓶颈制约,提升产业竞争力,为我国经济社会协调发展提供支撑。

港珠澳大桥国家科技支撑计划项目共设五个课题,包含隧道、人工岛、桥梁、混凝土结构耐久性和建设管理等方面的研究内容,既是港珠澳大桥在建设过程中急需解决的技术难题,又是交通运输行业建设未来发展需要突破的技术瓶颈,其研究成果不但能为港珠澳大桥建设提供技术支撑,还可为规划研究中的深圳至中山通道、渤海湾通道、琼州海峡通道等重大工程提供技术储备。

2015年底,国家科技支撑计划项目顺利通过了科技部验收。在此基础上,港珠澳大桥管理局结合生产实践,进一步组织相关研究单位对以国家科技支撑计划项目为主的研究成果进行了深化梳理,总结形成了"港珠澳大桥跨海集群工程建设关键技术与创新成果书系"。书系被纳入了"交通运输科技丛书",由人民交通出版社股份有限公司组织出版,以期更好地面向读者,进一步推进科技成果公开,进一步加强科技成果交流。

值此书系出版之际，祝愿广大交通运输科技工作者和建设者秉承优良传统，按照党的十八大报告"科技创新是提高社会生产力和综合国力的战略支撑，必须摆在国家发展全局的核心位置"的要求，努力提高科技创新能力，努力推进交通运输行业转型升级，为实现"人便于行、货畅其流"的梦想，为实现中华民族伟大复兴而努力！

港珠澳大桥国家科技支撑计划项目领导小组组长
本书系编审委员会主任

2016 年 9 月

前　言
Foreword

本书是以国家科技支撑计划"港珠澳大桥跨海集群工程建设关键技术研究与示范'课题五'跨境隧-岛-桥集群工程的建设管理、防灾减灾及节能环保关键技术"的研究成果为基础编著而成的。

港珠澳大桥涉及隧、岛、桥，工程复杂，节能减排环节多，在科学建立工程节能减排指标体系和核算方法方面面临较大挑战。通过以工程为对象的节能减排指标体系系统化研究，建立大型集群工程的节能减排指标体系及核算方法体系，推动我国大型集群工程的节能减排技术发展，可为工程建设期和运营期的节能减排工作起到示范借鉴作用。

本书根据课题研究成果，基于全生命周期理论，首次提出工程能耗和排放的内源性和外源性概念，详细介绍集群工程内源与外源节能减排核算体系和方法，系统阐述包含能源消耗、温室气体和污染物排放的综合性节能减排指标体系，展示工程建设节能减排的核算系统。本书可为工程建设和运营期节能减排工作提供全面的理论指导与详细的方案支撑。

全书共分6章，编写分工如下：全书编写大纲和编排思路由李兴华、苏权科、刘胜强、刘建昌共同拟定；第1章由李兴华、苏权科、刘建昌、孔雷军、徐洪磊、傅毅明、衷平共同编写；第2章由苏权科、刘胜强、孔雷军、刘建昌、蔡晓波、周永川、李洁玮、柴瑞、苏宗贤、刘彬共同编写；第3章由李兴华、刘建昌、傅毅明、衷平、刘胜强、徐洪磊、郑学文共同编写；第4章由苏权科、孔雷军、傅毅明、刘建昌、衷平、刘胜强、邢燕颖、杨秀军、汪鹏、王小军、徐洪磊、柴瑞、苏宗贤、刘彬、蔡晓波、周永川、李洁玮、邱天然、方园共同编写；第5章由李兴华、苏权科、刘建昌、孔雷军、傅毅明、衷平共同编写。李兴华、苏权科、刘胜强、刘建昌共同对全书进行了校审。

本书在编写过程中得到了交通运输部公路科学研究院、中国科学院广州能源研究所、招商局重庆交通科研设计研究院有限公司、中国人民大学、港珠澳大桥各参建单位的大力支持,在此表示感谢。

  由于编者水平有限,书中难免有疏漏和不妥之处,敬请广大读者和专家批评指正。

作　者
2018 年 1 月

目 录
Contents

第1章 绪论 ··· 1
  1.1 工程背景 ·· 1
  1.2 研究综述 ·· 2
    1.2.1 国外研究情况 ·· 2
    1.2.2 国内研究现状 ·· 3
    1.2.3 研究评述 ·· 6
  1.3 研究方法及思路 ·· 6

第2章 节能减排指标体系 ·· 8
  2.1 工程全周期节能减排系统识别 ··· 8
    2.1.1 工程建设期和运营期节能减排识别 ···································· 8
    2.1.2 工程内源性和外源性节能减排识别 ···································· 8
    2.1.3 工程节能减排优化方式识别 ··· 9
  2.2 工程建设期节能减排指标体系构建 ······································· 11
    2.2.1 建设期节能减排指标体系 ·· 11
    2.2.2 指标含义及解释 ··· 16
  2.3 工程运营期节能减排指标体系构建 ······································· 22
    2.3.1 运营期节能减排指标体系 ·· 22
    2.3.2 指标含义及解释 ··· 25

第3章 节能减排核算体系 ·· 30
  3.1 节能减排核算框架 ·· 30
    3.1.1 工程建设期节能减排核算框架 ·· 30
    3.1.2 工程运营期节能减排核算框架 ·· 32
  3.2 能耗及排放核算方法 ·· 32
    3.2.1 工程建设期能耗及排放核算 ··· 32
    3.2.2 工程运营期能耗及排放核算 ··· 34
  3.3 节能减排措施实施效果核算方法 ··· 35

3.4 运距缩短节能减排效果核算方法 ··· 36

第4章 节能减排核算与评价 ··· 37
4.1 核算方法及说明 ··· 37
    4.1.1 内源核算方法与说明 ··· 37
    4.1.2 外源核算方法与说明 ··· 39
4.2 能耗及排放核算 ··· 42
    4.2.1 建设期能耗及排放核算 ··· 42
    4.2.2 运营期能耗及排放核算 ··· 44
4.3 节能减排措施及效果核算 ··· 45
    4.3.1 建设期节能减排措施及效果 ··· 45
    4.3.2 运营期节能减排措施及效果 ··· 48
4.4 工程节能减排效果评价 ··· 51
4.5 同类工程节能减排对比分析 ··· 54
    4.5.1 建设期节能减排效果对比 ··· 54
    4.5.2 运营期节能减排效果对比 ··· 55
4.6 运距缩短节能减排效益分析 ··· 56

第5章 节能减排核算系统 ··· 58
5.1 系统建设目标 ··· 58
5.2 系统结构设计 ··· 58
5.3 系统主要功能 ··· 59
    5.3.1 基础信息库 ··· 59
    5.3.2 基础参数库 ··· 60
    5.3.3 核算系统 ··· 61
    5.3.4 分析系统 ··· 62
5.4 系统非功能性指标 ··· 63
    5.4.1 性能指标 ··· 63
    5.4.2 稳定性指标 ··· 63
    5.4.3 安全性指标 ··· 63
5.5 系统运行环境 ··· 63
    5.5.1 硬件环境 ··· 63
    5.5.2 软件环境 ··· 63

参考文献 ··· 65

索引 ··· 69

后记 ··· 71

第1章 绪 论

1.1 工程背景

港珠澳大桥跨越珠江口伶仃洋海域,是连接香港特别行政区、珠海市、澳门特别行政区的大型跨海通道工程,是国家高速公路网规划中珠江三角洲地区环线的组成部分和跨越伶仃洋海域的关键性工程,其工程区平面布置如图1-1所示。港珠澳大桥工程包括三项内容:一是海中桥隧工程;二是香港、珠海和澳门三地口岸;三是香港、珠海、澳门三地连接线。海中桥隧主体工程(不含香港段、三地口岸和连接线)由粤港澳三地共同建设,根据设计资料,主体工程总长29.6km,采用桥隧组合方案,其中隧道长6.75km,其余路段采用桥梁方案。港珠澳大桥是一项桥、岛、隧一体化多专业的世界级超大型综合集群工程,是我国继"三峡工程、青藏铁路、南水北调、西气东输、京沪高铁"之后又一超级工程,是中国交通建设史上技术最复杂、环保要求最高、建设要求及标准最高的工程之一。工程穿越中华白海豚自然保护区,钢材、水泥等建材消耗巨大,施工工艺复杂,建设期和运营期节能减排潜力巨大。

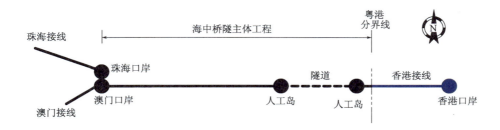

图1-1 港珠澳大桥项目平面示意图

港珠澳大桥工程长大深埋沉管隧道、离岸厚软基桥隧转换人工岛和海上长联桥梁建设、跨海集群工程120年使用寿命保障及隧-岛-桥集群工程建设管理、防灾减灾及节能环保等一系列关键技术问题亟待解决。因此,开展以港珠澳大桥为依托工程的国家科技支撑计划项目"港珠澳大桥跨海集群工程建设关键技术研究与示范"意义重大。研究共分5个课题,其中的第五课题"跨境隧-岛-桥集群工程的建设管理、防灾减灾及节能环保关键技术"研究分设5个子课题,具体为:子课题一,跨境重大交通工程管理模式、决策机制和战略资源供应链管理的关键技术;子课题二,跨境通道运营管理的关键技术;子课题三,跨境隧-岛-桥集群工程安全环保管理需求与对策;子课题四,离岸特长沉管隧道建设防灾减灾关键技术;子课题五,跨境隧-岛-桥集群工程节能减排关键技术。

本书是国家科技支撑计划项目第五课题中的子课题五"跨境隧-岛-桥集群工程节能减排关键技术"专题一,即"跨境隧-岛-桥集群工程节能减排指标体系研究"的主要成果。本书通过对港珠澳大桥隧-岛-桥集群工程建设期和运营期能源消耗、温室气体和污染物排放过程进行系统分析,找出工程建设过程中的节能减排要点,研究建立大型隧-岛-桥集群工程建设运营中节能减排的框架结构和指标体系,并提出科学可行的港珠澳大桥节能减排实现途径和实施方案。本书研究成果不仅能推动我国交通行业复杂集群工程节能减排技术和管理水平的提升,也将为后续琼州海峡、渤海海峡、舟山至上海等跨海通道建设和运营期节能减排工作提供全面的理论指导,具有重要的参考价值。

1.2 研究综述

1.2.1 国外研究情况

目前,国外在低碳经济、低碳交通、碳减排核算等领域开展了大量研究,但专门针对高速公路和具体工程的低碳化建设和运营的研究较少。

低碳经济是一种新的经济发展形态,是相对于当前的高碳发展模式而言的。自英国2003年最早提出了发展低碳经济的理念以来,国际上关于低碳经济尚未确定一个标准的定义,但围绕低碳经济这一概念已经提出了一系列相关理论,主要包括"碳足迹""低碳技术""低碳发展""低碳生活方式""低碳社会""低碳城市"等新理念。国外许多专家通过不同的理论途径阐释了低碳经济的内容和发展的必要性、可能性以及发展态势等,构成了低碳经济的重要理论基础。与此同时,以英国为首的发达国家开展了发展低碳经济的实践研究。各国着手开展有关低碳经济发展规划及相应推动政策的研究,进一步推动了低碳经济理论的发展进程。

以低碳经济理论为基础,英国提出了低碳交通的概念,并制定了相关发展战略,日本等国家也提出了发展低碳型交通的计划。尽管目前国外学术界尚未建立低碳交通的理论体系,但发达国家在低碳交通的内涵、特征及实现途径等方面正在开展相关研究和实践。国外交通运输业在低碳运营方面的研究较多,主要集中于低碳交通运输的政策与管理、交通运输的碳排放测算模型以及交通运输减排潜力评估等领域。

关于交通减排潜力的研究,主要基于交通碳排放模型和情景分析等方法,即在测算的排放基准量的基础上,通过设置一定的情景及设计减排技术,来确定行业减排潜力和技术选择。近年来国际能源署(IEA)、世界资源研究所(WRI)、美国清洁大气政策研究中心(CCAP)等一些国际组织相继开展了交通碳减排方面的相关研究,如 Wright 和 Fulton 等对发展中国家交通业温室气体减排的潜力和成本的分析。研究重点主要包括行业情景设计、减排影响模拟及其实行所需的配套政策设计等方面的理论及方法。

1.2.2 国内研究现状

目前,国内尚未有对高速公路或一段具体工程低碳化建设和运营的专门研究。但与高速公路或建筑工程建设和运营相关的低碳经济、低碳产业、节能建筑、低碳交通、碳循环、碳减排核算等领域的相关研究逐渐成为学术界关注的热点。

(1) 低碳经济

对于低碳经济,许多学者进行了有价值的探索。王毅等(2009)在《2009 中国可持续发展报告》中从社会经济发展模式上提出了低碳经济的理念和核心;李胜等(2009)从经济过程上思考了低碳经济的内涵及体系;著名环境外交家夏堃堡(2008)、科技部国际合作司欧洲处处长邢继俊(2007)和胡涑洋(2008)等分别从城市可持续发展、环境友好和清洁发展机制等角度阐述了发展低碳经济的必要性;金涌等(2008)较为系统地总结了低碳经济的理念以及具体的创新手段和实践措施。发展低碳经济关键在于创新低碳技术。在低碳技术研究方面,黄栋(2010)从政府管理方面总结了国外经验并提出了加强我国低碳技术创新的政策要点;徐大丰(2010)总结了国外先进经验并思考了中国发展低碳技术的措施。

(2) 低碳产业、节能建筑

在建材方面,高长明(2010)总结了水泥工业的低碳发展策略和措施;张春霞等(2007)剖析了钢铁工业的碳源并探索了具体减排措施;申文胜等(2009)研制出低碳混凝土并应用于高速公路建设。在建筑领域,节能减排的低碳建筑理念也逐渐付诸于工程实践。李启明等(2010)系统地阐述了低碳建筑的概念和内涵,分析了建筑全生命周期碳减排理念,剖析了实现低碳建筑的主要方法,提出了低碳建筑普及策略;龙惟定等(2010)概述了低碳建筑的形态和特点,并就实现实质性节能提出几项技术措施。

(3) 低碳交通

低碳发展必须围绕减少碳源、增加碳汇进行结构调整,重点是减少碳源,应主要关注降低产业、建筑和交通二氧化碳排放。交通运输业作为高油品消耗行业,实施节能减排、倡导低碳交通已成为当务之急。孔文轩(2010)探索了铁路、水运、航空、城市交通等方面实施低碳交通的具体措施;欧训民等(2010)建议采用综合节能技术、电气化节能技术和替代燃料使用技术三大类低碳车辆技术来实现节能;陈亮(2009)倡导实施低碳燃油标准来实现减排;肖俊涛(2010)建议建立低碳汽车税制来实现交通节能减排。

(4) 碳循环

刘娜等(2009)、戴民汉等(2004)、赵荣钦等(2009)分别对利用动态碳循环模型研究我国区域碳循环、中国边缘海碳循环过程、城市碳管理的理论框架等进行了探讨；查同刚等（2008）对森林生态系统在不同纬度地区碳的源汇进行了界定；王萍（2009）将森林碳循环模型归纳为斑块尺度的森林碳循环模型和区域尺度的陆地碳循环模型两大类；王兵等（2008）对植被、枯落物、土壤碳库及土壤呼吸的研究现状和方法进行了总结；毛留喜等（2006）介绍了陆地碳循环模型的基本结构、碳循环过程及目前碳循环模型；朱学群等（2008）、王春权等（2009）对陆地生态系统碳循环机理、影响因素和研究方法进行了分析；仝川等（2006）和黎明等（2009）对湿地生态系统碳循环研究进展进行了总结；张文菊等（2007）以植物生理生态特性和有机碳周转动力学原理为基础，建立了典型湿地碳循环模拟模型；刘允芬（1995，1998）计算了全国农业生态系统碳循环，指出农业系统对碳的吸收大于排放。

（5）公路环保

公路建设中强化环保及生态文明建设，不仅有利于美化道路、建设"资源节约型、环境友好型"公路，还可以增加碳汇，实现碳捕集。周海春（2003）对公路绿化的措施及作用作了较为全面的分析；翟文丰等（2004）总结了高新技术、改善生态环境技术以及资源高效利用技术在公路生态工程和环保工程上的应用；刘炳（2005）提出了公路施工阶段的环保措施，并对公路环境影响评价进行了探讨；林志慧（2008）根据神宜公路建设的成功实践总结出"两型交通"的公路建设理念；林丹丹（2009）以生态环保理念提出了高速公路服务区的设计构想。

（6）碳核算

国内现已开展的交通碳排放测算主要以联合国政府间气候变化专门委员会（IPCC）温室气体排放清单指南为基础，研究重点在于开发适用于我国交通行业的技术体系。我国已发布初次和第二次气候变化国家信息通报，正在编制第三次国家信息通报，对交通行业的 CO_2 排放当量、行业数据处理、参数设定等进行了深入研究。针对公路运输、城市客运的排放测算研究相对较多，交通基础设施建设领域测算较少，如清华大学构造了我国公路交通业2000—2020年的 CO_2 排放情景分析；国家发改委能源研究所、同济大学等研究机构开发的城市交通系统的碳排放测算模型，分别分析了北京、上海等城市的交通温室气体排放情况等。在交通碳减排潜力和技术方面，主要开展减排情景分析研究，考虑不同的政策、技术、成本组合带来的减排效果。

（7）节能减排指标体系

国内外很多专家学者对交通系统运营期节能减排指标体系和评价方法进行了研究。在道路交通方面，张在龙（2009）基于可持续发展理论，从运输管理、运输生产安全、节能减排指标、车辆、驾驶员、公路设施和运输组织7个层面设计了较为完整、科学的道路运输业节能减排评价指标体系；陈秀波（2008）根据企业的运力结构现状包括班线结构情况、车辆运力结构以及班车车型结构的综合分析，构建了浙江省道路运输客运业节能减排评价指标体系，从政府和企业两个层面提出道路运输客运业节能减排的控制措施和切入点；习江鹏（2008）对国外道路运输节能减排经验和实施效果进行了研究,并从节能指标、减排指标和综合指标三个要素层构建了道路运输节能减排效果的评价指标体系;侯立文(2001)构建了城市道路交通系统可持续发展评价指标体系,共包括系统运行质量、系统发展协调、系统发展潜力三类22个指标;杨新秀(2008)用系统工程的观点对道路运输行业节能减排进行了综合的、动态的分析,结合湖北省道路运输行业节能减排工作的实际,从机构与制度、车辆技术管理、驾驶员管理、组织管理、节能减排指标和节能减排技术推广应用6个方面构建了地方道路运输管理部门和道路运输企业的节能减排评价指标体系;唐义(2011)以湖北省道路运输企业省客运集团为对象,构建了道路运输企业的节能减排评价指标体系,选出评价指标,并从组织机构建设、节能减排政策贯彻执行、车辆节能减排指标、节能减排新技术的推广、运输组织结构的优化以及驾驶员技术的培训和管理6个方面构建道路运输企业省客运集团的节能减排评价体系;余南强(2008)在全面介绍能源基本特征、国家节能战略措施和节能减排经济学理论的基础上,结合国外先进经验和浙江省道路运输业节能减排现状,对道路运输业节能减排的统计、考核与监察,道路运输业节能减排评价指标体系及其具体内容进行了研究,从管理性指标和技术性指标两个方面,分别构建了客运企业、出租客运企业、货运企业、汽车维修企业、驾驶培训机构节能减排指标体系。

在水运交通方面,吕安涛(2009)针对山东省港航系统客观实际,从组织机构建设、综合能源消耗、新技术新产品推广等因素考虑,依据港航系统节能减排相关的法规、标准和文件,确定了港航系统节能减排评价指标体系,为港航系统节能减排考核管理工作提供了评价依据;凌强(2010)在绿色港口的定义下,构建了以环境质量、环境管理和能源消耗为一级指标,废水污染、环境制度、能耗指标等9项为二级指标的绿色港口评价指标体系,并以上海港为例,论证了绿色港口的评价指标体系的重要性;张尊华(2009)考察分析了国内外港航系统节能减排的发展现状,按照我国节能减排的指导思想和要求,初步构建了基于层次分析的模糊综合评价法的港航系统节能减排评价指标体系;李琪(2010)对我国港口节能减排理论和国内外港口节能减排现状进行了分析,初步建立了我国港口节能减排评价指标体系,确定了机构建设与制度管理、能源消耗与统计等6个一级指标和16个二级指标;崔凯杰(2008)结合港口的实际情况,对港口环境承载力进行了定义,并借鉴国内外相关研究的最新理论与方法,确定港口环境承载力评价指标的选取应遵循的原则,建立了港口环境承载力评价指标体系;王传瑜、张亚敏等(2010)构建了港口企业节能减排评价指标体系,包括节能管理机制建设、节能技术应用评价和节能减排运营考核三类指标。

通过分析可以看出,现有交通系统节能减排指标体系既有道路交通系统节能减排指标体系研究,也有港航系统节能减排指标体系研究;既有针对道路运输、港口企业的研究,也有针对城市交通系统、港航系统的研究;既有面向全国层面的研究,也有面向省域或城市区域的研究;既有对节能减排指标体系的研究,也有对环境承载力、可持续发展能力的研究。

从现有交通系统节能减排指标体系研究结果可以看出,道路运输节能减排指标体系主要从机构与制度建设、政策执行情况、节能指标、减排指标、新技术推广、车辆、驾驶员、组织调度等方面进行构建,港航系统节能减排指标体系主要从机构与制度建设、政策执行情况、新技术与新产品开发推广、岸线利用、单位运量能耗、污染物排放、运输组织、人员培训等方面进行构建。从节能减排指标体系构建层次来看,大部分为两级指标体系,少部分为三级指标体系或两级三级相结合的指标体系。

但是,现有交通行业节能减排指标体系研究大部分都集中于行业、区域或企业等层面,没有对单项工程提出具体的节能减排指标体系,而且指标构建不太完善,污染物减排指标相对较少,也没有将温室气体减排指标包括在内。

1.2.3 研究评述

目前,美国、欧盟、日本等发达国家和组织对于宏观社会经济发展层面的节能减排提出了一系列指标,但对于交通基础设施建设节能减排评价指标体系的国际研究相对较少。

国内有一些专家学者对交通行业节能减排指标进行了研究,并从节能指标、减排指标、综合指标等方面提出了不同层面、多种指标的交通行业节能减排指标体系。同时,国内开展了一些交通节能减排测算研究,主要以 IPCC 温室气体排放清单指南为基础,侧重于适用于我国交通行业的技术体系开发。

无论是国外研究还是国内研究,大部分交通行业节能减排指标体系与测算体系都集中于宏观层面的评价,并未将交通基础设施建设过程纳入交通行业节能减排评价体系,也未对重大交通集群工程提出更为具体的节能减排指标体系,更未开展重大交通集群工程的节能减排核算。

现有研究成果都不能直接作为大型隧-岛-桥集群工程运营期节能减排指标体系,必须在借鉴现有交通系统节能减排指标体系研究成果基础上,综合考虑大型隧-岛-桥集群工程的运营特点,构建大型隧-岛-桥集群工程节能减排指标体系。结合港珠澳大桥工程的建设运营,本书首创性地提出针对大型隧-岛-桥集群工程的节能减排指标体系及核算方法,在我国交通基础设施建设迅速发展的今天,具有重要的理论与应用意义。

1.3 研究方法及思路

本书以港珠澳大桥节能减排指标体系及核算评价为总体框架,通过对工程建设和运营期能源消耗、温室气体和污染物排放过程进行系统分析,找出工程建设运营过程中节能减排的关键节点,研究构建大型隧-岛-桥集群工程节能减排的系统框架、指标体系及其核算方法,提出科学可行的节能减排方案,并针对港珠澳大桥节能减排效果进行系统核算和评价。

本书节能减排指标体系采用了系统辨识方法,考虑隧道、人工岛、桥梁及交通工程的建设期和运营期的节能、减排、降污、集材方面的指标,对这些指标的核算方法和计算模型进行研究,经过整合计算和定量化情景分析,对比国内外类似工程的节能减排指标值,评价整体工程的节能减排效果,并提出节能减排技术方案。研究技术路线如图1-2所示。

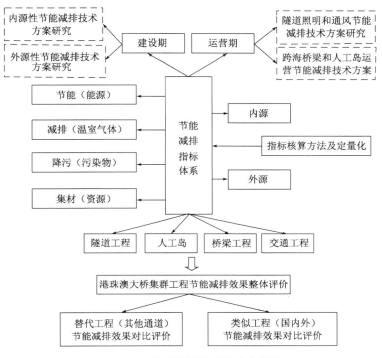

图1-2 节能减排核算评价技术路线图

第 2 章 节能减排指标体系

2.1 工程全周期节能减排系统识别

利用系统工程学理论,结合工程建设运营过程的实际,对本工程建设中能源消耗、温室气体排放和污染物排放环节进行系统分析。

2.1.1 工程建设期和运营期节能减排识别

工程建设过程中的能源消耗、温室气体排放和污染物排放,是针对运营期而言的。整体工程能源消耗、温室气体排放和污染物排放,是由建设期排放和运营期排放所组成的,如图 2-1 所示。

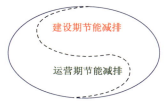

图 2-1 工程建设期与运营期节能减排划分关系

(1)图 2-1 中外圆是工程生命周期内的所有能源消耗、温室气体排放和污染物排放总量。建设期和运营期节能减排相互影响、相互决定,如在其他要素不变情况下,建设期能源消耗、温室气体排放和污染物排放增加,运营期能耗和排放会减少;反之亦反。在其他要素变化情况下,建设期减少或增加能源消耗、温室气体排放和污染物排放,运营期能源消耗、温室气体排放和污染物排放会呈复杂性变化,并非线性关系。

(2)图 2-1 中外圆的大小往往受建设期和运营期工程建设和养护管理的工艺差异而变化,如建设期和运营期都能采取有效措施实现协同控制,则工程建设期和运营期能源消耗、温室气体排放和污染物排放总量会达到最小。

(3)图 2-1 中的虚线即是建设期和运营期能源消耗、温室气体排放和污染物排放的分界线,是一个动态的过程,反映到实践中即是,在一定技术经济水平下的动态调整措施或方案,使运营期和建设期能源消耗、温室气体排放和污染物排放实现平衡。图中外部边线也可理解为动态过程,外部线和内部虚线共同作用,表示在一定技术经济水平下的动态实施调整措施或方案,使运营期和建设期能源消耗、温室气体排放和污染物排放动态平衡后实现其最小化。

2.1.2 工程内源性和外源性节能减排识别

工程建设期和运营期全过程的能源消耗、温室气体排放和污染物排放,可以划分为内源和外源,如图 2-2 所示。

(1)内源是指工程建设过程本身所直接产生的能源消耗、温室气体排放和污染物排放,如生产施工中的施工机械燃烧的能源性物料,如汽油、柴油、煤、沥青等,所排放的二氧化碳(CO_2)和一氧化碳(CO)、二氧化硫(SO_2);生产施工中消耗的电力仅为内源性能源消耗,不产生内源性温室气体排放和污染物排放。此外,内源性能源消耗、温室气体排放和污染物排放还可包括工程新增占地导致植被或水域环境改变、施工人员的生活生产活动等产生的能源消耗、温室气体排放和污染物排放变化。内源不包括工程建设中使用的各类建筑材料(如钢材、水泥、电缆、汽油、柴油、煤、沥青等)生产过程中已经产生的能源消耗、温室气体排放和污染物排放,此部分为外源性能源消耗、温室气体排放和污染物排放。工程建设期能源消耗、温室气体排放和污染物排放是由内源性和外源性能源消耗、温室气体排放和污染物排放共同组成的。内源性和外源性区分的意义在于,可区分哪些来源的能源消耗、温室气体排放和污染物排放是真正来自于交通运输系统内的,可以判断哪些工业系统生产所产生的能源消耗、温室气体排放和污染物排放是为交通运输系统服务的。

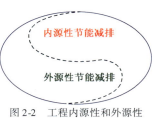

图 2-2 工程内源性和外源性节能减排划分关系

(2)图 2-2 中外圆是工程生命周期内的所有能源消耗、温室气体排放和污染物排放的总量。内源和外源相互影响、相互决定,如在其他要素不变情况下,内源性能源消耗、温室气体排放和污染物排放增加,可能导致外源性能源消耗、温室气体排放和污染物排放减少;反之亦反。在其他要素变化情况下,内源性能源消耗、温室气体排放和污染物排放减少或增加,外源性排放会呈复杂性变化,并非线性关系。

(3)图 2-2 中外圆的大小往往受建设期或运营期工程建设或养护工艺差异影响而变化,如建设时使用性能更好的材料或设计寿命更长的设备,外源能耗和排放可能增加,但同时内源能耗和污染物排量可能会减少。内源性和外源性能源消耗、温室气体排放和污染物排放如果都能采取有效措施实现协同控制,则工程建设期和运营期能源消耗、温室气体排放和污染物排放总量会达到最小。

(4)图 2-2 中虚线即是内源性和外源性能源消耗、温室气体排放和污染物排放的分界线,是一个动态的过程,反映到实践中即是,在一定技术经济水平下的动态调整措施或方案,使内源性能源消耗、温室气体排放和污染物排放和外源性实现平衡。图中外部实线也可理解为动态过程,外部实线和内部虚线共同作用,表示在一定技术经济水平下的动态实施调整措施或方案,使内源性和外源性能源消耗、温室气体排放和污染物排放动态平衡后实现节能减排效果最好。

2.1.3 工程节能减排优化方式识别

利用系统工程学理论,结合高速公路建设过程的实际,对本工程建设中减少能源消耗、温室气体排放和污染物排放的方式进行系统分析,得出如下基本认识。

(1)工程节能减排优化的实现方式

减少工程全生命周期能源消耗、温室气体排放和污染物排放量,实现过程包括设计期(前期)节能减排优化、施工期(中期)节能减排优化和运营期(后期)节能减排优化,三者相互影响、共同制约全过程的节能减排总量。简单地实施设计期(前期)节能减排优化、施工期(中期)节能减排优化和运营期(后期)节能减排优化,可分别减少三个过程的能源消耗、温室气体排放和污染物排放,有时适当地增加设计、施工和运营过程的能源消耗、温室气体排放和污染物排放,也可实现全过程的总体节能减排。建设期的能源消耗、温室气体排放和污染物排放,是由设计期(前期)节能减排优化和施工期(中期)节能减排优化所组成的。其关系如图2-3所示。

(2)工程节能减排优化的切入环节

减少工程全生命周期能源消耗、温室气体排放和污染物排放量,具体切入点包括前期过程(规划期、初步设计期、施工图设计期)节能减排优化环节、建设过程(施工时序、方式、安排等)节能减排优化环节和运营过程(后期)节能减排优化环节,这三者包含的优化环节之间是相互影响、共同制约的关系,其关系如图2-4所示。单独一种优化环节并不一定促进全过程节能减排,有机组成的优化才可全面促进全过程的碳减排。建设期的碳排放优化切入点,可在单独一项节能减排措施基础上,逐渐考虑一整套方案的碳减排效果,再从总体优化规划上考虑是否真正达到低碳排放目的。建设期低碳优化切入环节主要考虑前期过程(规划期、初步设计期、施工图设计期)低碳优化和建设过程(施工时序、方式、安排等)低碳优化所组成的有机整体的节能减排效果。

图2-3 工程节能减排优化实现方式

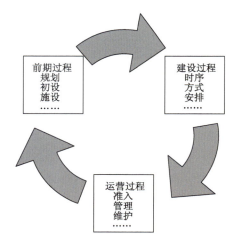

图2-4 工程节能减排优化的切入环节

2.2 工程建设期节能减排指标体系构建

2.2.1 建设期节能减排指标体系

在分析国内外相关资料的基础上,借鉴其他工程的经验,结合港珠澳工程本身的建设特点,找出工程建设过程中的节能减排要点,初步建立大型隧-岛-桥集群工程建设节能减排的指标体系。由于港珠澳大桥工程主要分项工程为海底隧道、人工岛、跨海大桥等,因此主要分为一个整体工程、三个组成工程的节能减排指标体系。

(1) 大型隧-岛-桥集群工程建设期节能减排指标体系

港珠澳大桥隧-岛-桥集群工程,是由隧道工程、人工岛工程和桥梁工程组成的整体工程,其节能减排指标包括节能、集材(集约利用原材料)、减排和降污4个准则层指标组。各准则层指标组又分别包括各自的指标。大型隧-岛-桥集群工程建设期节能减排指标设置见表2-1。

大型隧-岛-桥集群工程建设期节能减排指标设置　　　　　　表2-1

目标	准则层指标	具体指标	指标类型
大型隧-岛-桥集群工程(建设期)节能减排(A)	节能 A_1	总能耗(A_{11})	定量
		内源性能耗(A_{12})	定量
		外源性能耗(A_{13})	定量
		单位投资能耗(A_{14})	定量
		单位投资内源性能耗(A_{15})	定量
		单位投资外源性能耗(A_{16})	定量
		单位长度能耗(A_{17})	定量
		单位长度内源性能耗(A_{18})	定量
		单位长度外源性能耗(A_{19})	定量
		总能耗减少量(A_{1a})	定量
		内源性能耗减少量(A_{1b})	定量
		外源性能耗减少量(A_{1c})	定量
	集材 A_2	总钢材用量(A_{21})	定量
		总水泥用量(A_{22})	定量
		总新鲜水用量(A_{23})	定量
		单位长度钢材使用减少量(A_{24})	定量
		单位长度水泥使用减少量(A_{25})	定量
		单位长度新鲜水使用减少量(A_{26})	定量
	减排 A_3	温室气体总排放量(A_{31})	定量
		内源性温室气体排放量(A_{32})	定量

续上表

目 标	准则层指标	具 体 指 标	指标类型
大型隧-岛-桥集群工程（建设期）节能减排（A）	减排 A_3	外源性温室气体排放量（A_{33}）	定量
		单位投资温室气体排放强度（A_{34}）	定量
		单位投资内源性温室气体排放强度（A_{35}）	定量
		单位投资外源性温室气体排放强度（A_{36}）	定量
		单位长度温室气体排放强度（A_{37}）	定量
		单位长度内源性温室气体排放强度（A_{38}）	定量
		单位长度外源性温室气体排放强度（A_{39}）	定量
		温室气体总排放减少量（A_{3a}）	定量
		内源性温室气体排放减少量（A_{3b}）	定量
		外源性温室气体排放减少量（A_{3c}）	定量
	降污 A_4	污染物排放总量（A_{41}）	定量
		内源性污染物排放量（A_{42}）	定量
		外源性污染物排放量（A_{43}）	定量
		施工污水排放达标率（A_{44}）	定量
		施工噪声达标率（A_{45}）	定量
		施工固废处置率（A_{46}）	定量
		环保投资比例（A_{47}）	定量
		污染事故应急能力（A_{48}）	定性

（2）隧道工程建设期节能减排指标体系

对海底隧道的施工环节和施工工艺进行分析，对各施工环节和工艺可能涉及的节能减排节点进行识别和梳理。重点从施工船舶和设备的能源消耗、原材料节约和循环利用、隧道基槽开挖和管节沉放过程中的施工污水、固体悬浮物处理等方面考察节能减排潜力，综合分析论证后初步构建海底隧道建设节能减排指标体系。隧道工程节能减排指标包括节能、集材（集约利用原材料）、减排和降污 4 个准则层指标组。各准则层指标组又分别包括各自的指标。隧道工程建设期节能减排指标设置见表 2-2。

隧道工程建设期节能减排指标设置　　　　　　　　　　　　表 2-2

目 标	准则层指标	具 体 指 标	指标类型
隧道工程（建设期）节能减排（B）	节能 B_1	总能耗（B_{11}）	定量
		内源性能耗（B_{12}）	定量
		外源性能耗（B_{13}）	定量
		单位投资能耗（B_{14}）	定量
		单位投资内源性能耗（B_{15}）	定量
		单位投资外源性能耗（B_{16}）	定量
		单位长度能耗（B_{17}）	定量

续上表

目　　标	准则层指标	具　体　指　标	指 标 类 型
隧道工程（建设期）节能减排（B）	节能 B_1	单位长度内源性能耗（B_{18}）	定量
		单位长度外源性能耗（B_{19}）	定量
		总能耗减少量（B_{1a}）	定量
		内源性能耗减少量（B_{1b}）	定量
		外源性能耗减少量（B_{1c}）	定量
	集材 B_2	总钢材用量（B_{21}）	定量
		总水泥用量（B_{22}）	定量
		总新鲜水用量（B_{23}）	定量
		单位长度钢材使用减少量（B_{24}）	定量
		单位长度水泥使用减少量（B_{25}）	定量
		单位长度新鲜水使用减少量（B_{26}）	定量
	减排 B_3	温室气体总排放量（B_{31}）	定量
		内源性温室气体排放量（B_{32}）	定量
		外源性温室气体排放量（B_{33}）	定量
		单位投资温室气体排放强度（B_{34}）	定量
		单位投资内源性温室气体排放强度（B_{35}）	定量
		单位投资外源性温室气体排放强度（B_{36}）	定量
		单位长度温室气体排放强度（B_{37}）	定量
		单位长度内源性温室气体排放强度（B_{38}）	定量
		单位长度外源性温室气体排放强度（B_{39}）	定量
		温室气体总排放减少量（B_{3a}）	定量
		内源性温室气体排放减少量（B_{3b}）	定量
		外源性温室气体排放减少量（B_{3c}）	定量
	降污 B_4	污染物排放总量（B_{41}）	定量
		内源性污染物排放量（B_{42}）	定量
		外源性污染物排放量（B_{43}）	定量
		施工污水排放达标率（B_{44}）	定量
		施工噪声达标率（B_{45}）	定量
		施工固废处置率（B_{46}）	定量
		环保投资比例（B_{47}）	定量
		污染事故应急能力（B_{48}）	定性

（3）人工岛工程建设期节能减排指标体系

对人工岛建设的施工环节和施工工艺进行分析，对各施工环节和工艺可能涉及的节能减排环节进行识别和梳理。重点从施工船舶和设备的能源消耗、原材料节约和循环利用、人工岛沉管基础和挤密砂桩过程中的施工污水、固体悬浮物处理等方面考察节能减排潜力，综合分析论证后初步构建人工岛建设节能减排指标体系。人工岛工程节能减排指标包括节能、集材（集约利用原材料）、减排和降污 4 个准则层指标组。各准则层指标组又分别包括各自的指标。人工岛工程建设期节能减排指标设置见表 2-3。

人工岛工程建设期节能减排指标设置　　　　　　　　　　表 2-3

目　　标	准则层指标	具　体　指　标	指 标 类 型
人工岛工程（建设期）节能减排（C）	节能 C_1	总能耗（C_{11}）	定量
		内源性能耗（C_{12}）	定量
		外源性能耗（C_{13}）	定量
		单位投资能耗（C_{14}）	定量
		单位投资内源性能耗（C_{15}）	定量
		单位投资外源性能耗（C_{16}）	定量
		单位面积能耗（C_{17}）	定量
		单位面积内源性能耗（C_{18}）	定量
		单位面积外源性能耗（C_{19}）	定量
		总能耗减少量（C_{1a}）	定量
		内源性能耗减少量（C_{1b}）	定量
		外源性能耗减少量（C_{1c}）	定量
	集材 C_2	总钢材用量（C_{21}）	定量
		总水泥用量（C_{22}）	定量
		总新鲜水用量（C_{23}）	定量
		单位面积钢材使用减少量（C_{24}）	定量
		单位面积水泥使用减少量（C_{25}）	定量
		单位面积新鲜水使用减少量（C_{26}）	定量
	减排 C_3	温室气体总排放量（C_{31}）	定量
		内源性温室气体排放量（C_{32}）	定量
		外源性温室气体排放量（C_{33}）	定量
		单位投资温室气体排放强度（C_{34}）	定量
		单位投资内源性温室气体排放强度（C_{35}）	定量
		单位投资外源性温室气体排放强度（C_{36}）	定量
		单位面积温室气体排放强度（C_{37}）	定量
		单位面积内源性温室气体排放强度（C_{38}）	定量
		单位面积外源性温室气体排放强度（C_{39}）	定量
		温室气体总排放减少量（C_{3a}）	定量
		内源性温室气体排放减少量（C_{3b}）	定量
		外源性温室气体排放减少量（C_{3c}）	定量
	降污 C_4	污染物排放总量（C_{41}）	定量
		内源性污染物排放量（C_{42}）	定量

续上表

目标	准则层指标	具体指标	指标类型
人工岛工程(建设期)节能减排(C)	降污 C_4	外源性污染物排放量(C_{43})	定量
		施工污水排放达标率(C_{44})	定量
		施工噪声达标率(C_{45})	定量
		施工固废处置率(C_{46})	定量
		环保投资比例(C_{47})	定量
		污染事故应急能力(C_{48})	定性

(4)桥梁工程建设期节能减排指标体系

对桥梁建设的施工环节和施工工艺进行分析,对各施工环节和工艺可能涉及的节能减排环节进行识别和梳理。从施工船舶和设备的能源消耗,钢筋、水泥、沙石料等原材料节约和循环利用,桥梁桩基和承台施工中泥浆处理,施工污水,固体悬浮物处理等方面考察节能减排潜力。综合分析论证后初步构建桥梁工程建设节能减排指标体系。桥梁工程节能减排指标包括节能、集材(集约利用原材料)、减排和降污4个准则层指标组。各准则层指标组又分别包括各自的指标。桥梁工程建设期节能减排指标设置见表2-4。

桥梁工程建设期节能减排指标设置 表2-4

目标	准则层指标	具体指标	指标类型
桥梁工程(建设期)节能减排(D)	节能 D_1	总能耗(D_{11})	定量
		内源性能耗(D_{12})	定量
		外源性能耗(D_{13})	定量
		单位投资能耗(D_{14})	定量
		单位投资内源性能耗(D_{15})	定量
		单位投资外源性能耗(D_{16})	定量
		单位长度能耗(D_{17})	定量
		单位长度内源性能耗(D_{18})	定量
		单位长度外源性能耗(D_{19})	定量
		总能耗减少量(D_{1a})	定量
		内源性能耗减少量(D_{1b})	定量
		外源性能耗减少量(D_{1c})	定量
	集材 D_2	总钢材用量(D_{21})	定量
		总水泥用量(D_{22})	定量
		总新鲜水用量(D_{23})	定量
		单位长度钢材使用减少量(D_{24})	定量
		单位长度水泥使用减少量(D_{25})	定量
		单位长度新鲜水使用减少量(D_{26})	定量

续上表

目 标	准则层指标	具 体 指 标	指标类型
桥梁工程(建设期)节能减排(D)	减排 D_3	温室气体总排放量(D_{31})	定量
		内源性温室气体排放量(D_{32})	定量
		外源性温室气体排放量(D_{33})	定量
		单位投资温室气体排放强度(D_{34})	定量
		单位投资内源性温室气体排放强度(D_{35})	定量
		单位投资外源性温室气体排放强度(D_{36})	定量
		单位长度温室气体排放强度(D_{37})	定量
		单位长度内源性温室气体排放强度(D_{38})	定量
		单位长度外源性温室气体排放强度(D_{39})	定量
		温室气体总排放减少量(D_{3a})	定量
		内源性温室气体排放减少量(D_{3b})	定量
		外源性温室气体排放减少量(D_{3c})	定量
	降污 D_4	污染物排放总量(D_{41})	定量
		内源性污染物排放量(D_{42})	定量
		外源性污染物排放量(D_{43})	定量
		施工污水排放达标率(D_{44})	定量
		施工噪声达标率(D_{45})	定量
		施工固废处置率(D_{46})	定量
		环保投资比例(D_{47})	定量
		污染事故应急能力(D_{48})	定性

2.2.2 指标含义及解释

整体工程、隧道工程、人工岛工程和桥梁工程的节能减排指标均包括节能、集材(集约利用原材料)、减排、降污4个准则层指标组,分别包括总能耗、单位投资能耗、单位长度(面积)能耗、单位工程量能耗、总能耗节约量、总钢材用量、单位长度(面积)钢材使用量、总水泥用量、单位长度(面积)水泥使用量、总新鲜水用量、单位长度(面积)新鲜水用量、总钢材使用减少量、总水泥使用减少量、总新鲜水使用减少量、总排放量、单位投资排放强度、单位工程量排放强度、单位长度排放强度、总排放减少量、污水排放达标率、大气污染排放达标率、施工噪声达标率、施工固废处理情况、环保投资比例、污染事故应急能力。每个指标的含义、计算及评价标准如下所述。

1) 节能指标组

(1) 总能耗

总能耗是指工程建设中各类能源的消耗总量,再以标准煤折算的量的总和。该指标为定

量指标,具体公式是:

$$N = \sum_{i=1}^{n} a_i N_i \tag{2-1}$$

式中:N——工程建设中的能源消耗总量,吨标准煤(tce);

N_i——第 i 类能源消耗量,t 标准单位;

a_i——第 i 类能源的折标准煤系数,tce/第 i 类能源标准单位;

i——第 i 类能源,种类。

内源性能耗是指工程建设过程本身所直接使用的能源,仅包括实际发生的能源消耗量,如生产施工中的施工机械燃烧能源性物料,如汽油、柴油、煤、沥青等。内源性能耗不包括工程建设中的各类材料生产过程中所排出的 CO_2,如钢材、水泥、电缆、汽油、柴油、煤、沥青等外部工业系统在其生产中已经产生的能耗,这部分能耗即为外源性能耗。内源性能耗和外源性能耗可参照上述方法计算。

(2)单位投资能耗

单位投资能耗是指工程建设中各类能源的消耗总量与工程总投资的比值。该指标为定量指标,具体公式是:

$$N_0 = \frac{N}{C} = \frac{\sum_{i=1}^{n} a_i N_i}{C} \tag{2-2}$$

式中:N_0——工程建设中的单位投资能耗,tce/万元;

N_i——第 i 类能源消耗量,t 标准单位;

a_i——第 i 类能源的折标准煤系数,tce/第 i 类能源标准单位;

i——第 i 类能源,种类;

C——工程建设中的投资总量,万元。

单位投资内源性能耗和单位投资外源性能耗,可参照上述方法计算。

(3)单位长度(面积)能耗

单位长度(面积)能耗是指工程建设中各类能源的消耗总量与工程总长度(面积)的比值。该指标为定量指标,具体公式是:

$$N' = \frac{N}{L} = \frac{\sum_{i=1}^{n} a_i N_i}{L} \tag{2-3}$$

式中:N'——工程建设中的单位长度能耗,tce/m(m^2);

N_i——第 i 类能源消耗量,t 标准单位;

a_i——第 i 类能源的折标准煤系数,tce/第 i 类能源标准单位;

i——第 i 类能源,种类;

L——工程建设中的总长度(面积),$m(m^2)$。

单位长度(面积)内源性能耗和单位长度(面积)外源性能耗,可参照上述方法计算。

(4)总能耗减少量

总能耗减少量是指工程建设中,因为采取了新技术、新工艺,使得各类能源消耗量减少的总和,再以标准煤折算量的总和。该指标为定量指标,具体公式是:

$$N = \sum_{i=1}^{n} a_i N_i \qquad (2\text{-}4)$$

式中:N——工程建设中的能源消耗节约总量,吨标准煤(tce);

N_i——第i类能源消耗节约量,t标准单位;

a_i——第i类能源的折标准煤系数,tce/第i类能源标准单位;

i——第i类能源,种类。

内源性能耗减少量和外源性能耗减少量,可参照上述方法计算。

2)集材(集约利用原材料)指标组

(1)总钢材用量

总钢材用量是指工程建设中各类钢材的消耗总量。该指标为定量指标,具体公式是:

$$G = \sum_{i=1}^{n} G_i \qquad (2\text{-}5)$$

式中:G——工程建设中的钢材消耗总量,t;

G_i——第i类钢材用量,t;

i——第i类钢材,种类。

(2)总水泥用量

总水泥用量是指工程建设中各分项工程水泥消耗总量。该指标为定量指标,具体公式是:

$$S = \sum_{i=1}^{n} S_i \qquad (2\text{-}6)$$

式中:S——工程建设中的水泥消耗总量,t;

S_i——第i类工程水泥用量,t;

i——第i项分项工程,项。

(3)总新鲜水用量

总新鲜水用量是指工程建设中各分项工程新鲜水的消耗总量。该指标为定量指标,具体公式是:

$$W = \sum_{i=1}^{n} W_i \qquad (2\text{-}7)$$

式中:W——工程建设中的新鲜水消耗总量,t;

W_i——第i项分项工程新鲜水用量,t;

i——第i项分项工程,项。

(4) 单位长度(面积)钢材使用减少量

单位长度钢材使用减少量是指工程建设中,因为采取了新技术、新工艺,各类钢材的消耗总量与原技术、原工艺的差值与工程总长度(面积)的比值。该指标为定量指标,具体公式是:

$$G_0 = \frac{G}{L} = \frac{\sum_{i=1}^{n} G_i}{L} \tag{2-8}$$

式中:G_0——工程建设中的单位长度(面积)钢材消耗量的减少值,t/m(m²);

G_i——第i类钢材消耗量,t;

i——第i类钢材,种类;

L——工程建设中的总长度(面积),m(m²)。

(5) 单位长度(面积)水泥使用减少量

单位长度(面积)水泥使用量是指工程建设中各分项工程水泥的消耗总量与工程总长度(面积)的比值。该指标为定量指标,具体公式是:

$$S_0 = \frac{S}{L} = \frac{\sum_{i=1}^{n} S_i}{L} \tag{2-9}$$

式中:S_0——工程建设中的单位长度(面积)水泥使用量,t/m(m²);

S_i——第i项分项工程水泥消耗量,t;

i——第i项分项工程,项;

L——工程建设中的总长度(面积),m(m²)。

(6) 单位长度(面积)新鲜水使用减少量

单位长度(面积)新鲜水用量是指工程建设中各分项工程新鲜水使用总量与工程总长度(面积)的比值。该指标为定量指标,具体公式是:

$$W_0 = \frac{W}{L} = \frac{\sum_{i=1}^{n} W_i}{L} \tag{2-10}$$

式中:W_0——工程建设中的单位长度(面积)总新鲜水用量,t/m(m²);

W_i——第i项分项工程新鲜水用量,t;

i——第i项分项工程,项;

L——工程建设中的总长度(面积),m(m²)。

3) 减排指标组

(1) 温室气体总排放量

总排放量是指工程建设中各分项工程CO_2的排放总量。该指标为定量指标,具体公式是:

$$E = \sum_{i=1}^{n} a_i E_i \qquad (2\text{-}11)$$

式中：E——工程建设中的二氧化碳排放总量，tCO_2；

E_i——第 i 类温室气体排放量，t 标准单位；

a_i——第 i 类温室气体二氧化碳的折标系数，tCO_2/第 i 类温室气体标准单位；

i——第 i 类温室气体，种类。

内源性温室气体总排放量和外源性温室气体总排放量，可参照上述方法计算。

（2）单位投资温室气体排放强度

单位投资温室气体排放强度是指工程建设中各类温室气体排放总量与工程总投资的比值。该指标为定量指标，具体公式是：

$$E_0 = \frac{E}{C} = \frac{\sum_{i=1}^{n} a_i E_i}{C} \qquad (2\text{-}12)$$

式中：E_0——工程建设中的单位投资温室气体排放强度，tCO_2/万元；

E_i——第 i 类温室气体排放量，t 标准单位；

a_i——第 i 类温室气体的折标系数，t 标准二氧化碳/第 i 类温室气体标准单位；

i——第 i 类温室气体，种类；

C——工程建设中的投资总量，万元。

单位投资内源性温室气体排放强度和单位投资外源性温室气体排放强度，可参照上述方法计算。

（3）单位长度（面积）温室气体排放强度

单位长度（面积）温室气体排放强度是指工程建设中各类温室气体的排放总量与工程总长度（面积）的比值。该指标为定量指标，具体公式是：

$$E' = \frac{E}{L} = \frac{\sum_{i=1}^{n} a_i E_i}{L} \qquad (2\text{-}13)$$

式中：E'——工程建设中的单位长度温室气体排放强度，$tCO_2/m(m^2)$；

E_i——第 i 类温室气体排放量，t 标准单位；

a_i——第 i 类温室气体的折标系数，t 标准二氧化碳/第 i 类温室气体标准单位；

i——第 i 类温室气体，种类；

L——工程建设中的总长度（面积），$m(m^2)$。

单位长度内源性温室气体排放强度和单位长度外源性温室气体排放强度，可参照上述方法计算。

（4）温室气体总排放减少量

温室气体总排放减少量是指工程建设中，因为采取了新技术、新工艺，使得各类温室气体

排放量减少的总和,再以标准二氧化碳折算量的总和。该指标为定量指标,具体公式是:

$$\Delta E = \sum_{i=1}^{n} a_i \Delta E_i \tag{2-14}$$

式中:ΔE——工程建设中的温室气体排放减少总量,tCO_2;

ΔE_i——第 i 类温室气体排放减少量,tCO_2;

a_i——第 i 类温室气体的折标系数,t 标准二氧化碳/第 i 类温室气体标准单位;

i——第 i 类温室气体,种类。

内源性温室气体排放减少量和外源性温室气体排放减少量,可参照上述方法计算。

4) 降污指标组

降污指标组指标包括内外源的污染物排放总量、施工污水排放达标率、施工噪声排放达标率、施工固废处置率、环保投资比例、污染事故应急能力共 6 个具体指标。每个指标的含义及评价标准如下所述。

(1) 污染物排放总量

污染物排放总量是指工程建设中各分项工程气态、液态污染物的排放总量。该指标为定量指标,大气污染物选取二氧化硫(SO_2)、氮氧化物(NO_x)、一氧化碳(CO),水污染物选取化学需氧量(COD)、五日生化需氧量(BOD_5),按内源、外源分别计算。每项污染物排放总量的具体公式是:

$$E = \sum_{i=1}^{n} a_i E_i \tag{2-15}$$

式中:E——工程建设中的污染物排放总量,t;

E_i——第 i 项分项工程污染物排放量,t;

a_i——第 i 项分项工程污染物的产污系数,t/第 i 分项工程量单位;

i——第 i 项分项工程,项。

内源性污染物排放量和外源性污染物排放量,可参照上述方法计算。

(2) 施工污水排放达标率

施工期对地表水的污染主要来自于施工营地的生活污水、施工场地的废水、隧道废水和桥梁建设对水体的搅混和油污染。施工营地生活污水应设置化粪池将污水集中收集并初步处理,禁止直接排放;施工场地废水和隧道废水也应设置污水处理池,进行处理后才能排放;桥梁施工中应采用环保的围堰施工等方法,尽量减轻对沿线水体的影响。

该指标为定量指标,具体数值采取现场监测的方式获得。

(3) 施工噪声排放达标率

工程施工期间的噪声主要来自施工机械作业和运输车辆。据调查,筑路机械主要有挖掘机、推土机、平地机、压路机、稳定土拌和机、摊铺机和运输车辆等。施工中钻孔打桩、开山取土石等,会产生噪声污染。因此,在施工中应加强施工组织和管理,合理安排施工进度和时间,并因地制宜地制订有效的临时降噪措施,防止造成对敏感点噪声超标。

该指标为定量指标,具体数值采取现场监测的方式获得。

(4)施工固废处置率

施工固废主要是施工营地的生活垃圾,以及施工中产生的废渣等固体废弃物。施工营地生活垃圾应设置化粪池,进行集中收集并初步处理,禁止直接排放;施工废渣也应采取集中堆放和定期处理措施,避免随意丢弃。施工固废处置率是指不同类别施工固废按照相应要求进行合理处理、安全处置的比率,该指标为定量指标。

$$施工固废处置率 = \frac{固废的合理处置量}{固废总量} \times 100\% \qquad (2-16)$$

(5)环保投资比例

环保投资率主要指在建设阶段环境保护投资总额占工程投资总额的百分比。环境保护项目包括水、空气、噪声的污染治理,还包括绿化、水土保持工程以及文物保护费用等。该指标为定量指标,计算公式为:

$$环保投资比例 = \frac{环保投资总额}{工程投资总额} \times 100\% \qquad (2-17)$$

(6)污染事故应急能力

污染事故应急能力可根据是否建立应急体系、污染事故急救设备和器材配备情况等进行判定。该指标为定性指标。

2.3 工程运营期节能减排指标体系构建

2.3.1 运营期节能减排指标体系

(1)大型隧-岛-桥集群工程运营期节能减排关键点

港珠澳大桥作为大型隧-岛-桥集群工程,其自身特点十分突出:首先,工程复杂性非常高,既有桥梁、隧道,也有人工岛,其节能减排要求必须覆盖所有环境影响;其次,工程连通内地、香港和澳门,各地管理体制区别较大,工程日常管理工作十分复杂;再次,工程的复杂性要求安全和稳定运营为第一任务,工程的节能减排措施不能降低安全性。

主要从能源节约和集约利用、清洁能源利用、污染物减排3个方面构建运营期节能减排指标体系。

①能源节约和集约利用:在保证安全运营的前提下,针对能耗降低或能源高效利用的技

术、流程和管理措施,研究提出相应指标。

②清洁能源利用:针对工程运营过程中可利用太阳能、风能、海洋能等清洁能源的环节,研究提出相应指标。

③污染物减排:针对工程运营过程中,对排放的废气、污水、固体废弃物、温室气体等所采取的污染治理、废弃物循环利用等措施,研究提出相应指标。

根据港珠澳大桥工程特点,运营期节能减排指标体系将覆盖海底隧道、跨海桥梁、人工岛及其余交通工程,重点从以下4个途径构建节能减排指标体系:

①海底隧道智能照明、隧道智能通风。

②跨海桥梁电能集约利用、清洁能源使用。

③监控中心、服务区和收费站等服务设施电能集约利用、清洁能源使用、资源循环利用、污染物的排放和处理。

④运营路况信息的智能化、养护机械的利用效率、养护材料的循环利用、养护组织管理、预防性养护延长生命周期等。

(2) 大型隧-岛-桥集群工程运营期节能减排指标体系

借鉴现有交通系统节能减排指标体系研究成果,综合考虑大型隧-岛-桥集群工程的运营特点,构建大型隧-岛-桥集群工程节能减排指标体系,按照是否计算分为定量指标和定性指标。大型隧-岛-桥集群工程运营期节能减排指标体系见表2-5。

大型隧-岛-桥集群工程运营期节能减排指标体系 表2-5

目标层(O)	要素层(E)	指标层(C)	备注
大型隧-岛-桥集群工程(运营期)节能减排指标体系(O)	节能指标(E1)	运营总能耗(C1)	定量
		单位长度运营维护能耗(C2)	
		可再生能源利用量(C3)	
		可再生能源使用比例(C4)	
		节能措施节能量(C5)	
		节能措施节能比例(C6)	
	减排指标(E2)	温室气体排放量(C7)	定量
		废水排放量(C8)	
		COD排放量(C9)	
		CO排放量(C10)	
		NO_x排放量(C11)	
		单位长度温室气体排放量(C12)	
		单位长度废水排放量(C13)	
		单位长度COD排放量(C14)	
		单位长度CO排放量(C15)	
		单位长度NO_x排放量(C16)	

续上表

目标层(O)	要素层(E)	指标层(C)	备注
大型隧-岛-桥集群工程(运营期)节能减排指标体系(O)	管理性综合指标(E3)	节能减排管理机构设置情况(C17)	定性
		能源计量工具配备情况(C18)	
		环境监测设施配备情况(C19)	
		环境事故应急处置能力(C20)	
		节能减排公报发布情况(C21)	

（3）隧道工程运营期节能减排指标体系

结合隧道工程本身的特点，提出运营期的隧道工程节能减排指标体系，主要包括能源消耗、温室气体及污染物排放、节能措施节能效果等。

隧道工程运营期节能减排指标体系见表2-6。

隧道工程运营期节能减排指标体系   表2-6

目标层(O)	要素层(E)	指标层(C)	备注
隧道工程(运营期)节能减排指标体系(O)	节能指标(E1)	隧道工程运营总能耗(C1)	定量
		单位长度隧道运营维护能耗(C2)	
		隧道照明节能量(C3)	
		隧道通风节能量(C4)	
		隧道节能比例(C5)	
	减排指标(E2)	隧道内车辆尾气CO排放量(C6)	定量
		隧道内车辆尾气NO_x排放量(C7)	
		隧道减排措施CO减排量(C8)	
		隧道减排措施NO_x减排量(C9)	

（4）人工岛工程运营期节能减排指标体系

结合人工岛的功能，提出运营期的人工岛节能减排指标体系，主要包括能源消耗、温室气体及污染物排放、太阳能、海水源热泵和风能等清洁能源利用，办公、餐饮等污水产生及排放情况。

人工岛工程运营期节能减排指标体系见表2-7。

人工岛工程运营期节能减排指标体系   表2-7

目标层(O)	要素层(E)	指标层(C)	备注
人工岛工程(运营期)节能减排指标体系(O)	节能指标(E1)	人工岛工程运营总能耗(C1)	定量
		单位面积人工岛运营维护能耗(C2)	
		节能设施节能量(C3)	
		可再生能源使用比例(C4)	
	减排指标(E2)	废水排放量(C5)	定量
		COD排放量(C6)	

(5) 桥梁工程运营期节能减排指标体系

结合桥梁工程本身的特点，提出运营期的桥梁工程节能减排指标体系，主要包括能源消耗、风能和太阳能等可再生能源利用等。

跨海桥梁工程运营期节能减排指标体系见表 2-8。

桥梁工程运营期节能减排指标体系 表 2-8

目标层(O)	要素层(E)	指标层(C)	备注
跨海桥梁工程(运营期)节能减排指标体系(O)	节能指标(E1)	桥梁工程运营总能耗(C1)	定量
		单位长度桥梁运营维护能耗(C2)	
		桥梁照明节能量(C3)	
		桥梁节能比例(C4)	

2.3.2 指标含义及解释

1) 节能指标

(1) 运营总能耗

本指标可以直接反映工程运营维护过程的能耗总体状况、节能潜力和节能效果。总能耗包括所有设备设施运营维护过程中消耗的煤炭、石油、电力及可再生能源等各类能源情况。计算公式为：

$$N = \sum_{i=1}^{n} a_i N_i \tag{2-18}$$

式中：N——运营过程中的能源消耗总量，tce；

N_i——第 i 类能源消耗量，t；

a_i——第 i 类能源的折标准煤系数，tce/第 i 类能源标准单位；

i——第 i 类能源，种类。

(2) 单位长度运营维护能耗

单位长度运营维护能耗是指运营维护过程中总能耗与道路总长度的比值。计算公式为：

$$E_l = \frac{N}{L} \tag{2-19}$$

式中：E_l——单位长度运营维护能耗，tce/km；

N——运营过程中的能源消耗总量，tce；

L——道路总长度，km。

(3) 可再生能源利用量

本项指标用于考核工程运营维护过程中所用太阳能、风能、海洋能等可再生能源利用量。计算公式为：

$$N_R = \sum_{i=1}^{n} N_{ri} \tag{2-20}$$

式中：N_R——可再生能源消耗量，tce；

N_{ri}——单项可再生能源利用量，tce。

(4) 可再生能源使用比例

本项指标用于考核工程运营维护过程中所用太阳能、风能、海洋能等可再生能源占总能耗的比例，可再生能源使用比例越高，工程节能减排效果越好。计算公式为：

$$\lambda_R = \frac{N_R}{N} \tag{2-21}$$

式中：λ_R——可再生能源使用比例，%；

N——运营过程中的能源消耗总量，tce；

N_R——可再生能源消耗量，tce。

(5) 节能措施节能量

本项指标用于考核工程所采用的节能措施相对于传统方案节约的能源量。计算公式为：

$$N_s = \sum_{i=1}^{n} N_{si} \tag{2-22}$$

式中：N_s——节能措施节能量，tce；

N_{si}——单项节能措施能源节约量，tce。

(6) 节能措施节能比例

节能比例是指工程所采用的智能通风、智能照明、能源集约利用等节能措施节约能源量占总能耗的比例。计算公式为：

$$\lambda_S = \frac{N_S}{N} \tag{2-23}$$

式中：λ_S——节能比例，%；

N_S——节能措施节约能源量，tce；

N——运营过程中的能源消耗总量，tce。

2) 减排指标

(1) 温室气体排放量

本指标用于考核工程运营维护过程中所消耗的汽油、柴油等能源排放的温室气体，不包括二次能源电力的间接排放。计算公式为：

$$N_G = \sum_{i=1}^{n} N_{Gi} \tag{2-24}$$

式中：N_G——温室气体排放量，万 tCO_2；

N_{Gi}——单项工程温室气体排放量，万 tCO_2。

(2) 废水排放量

本指标用于考核工程运营维护过程中东人工岛、西人工岛、珠澳口岸大桥管理区及综合管理中心生活污水等废水排放量。计算公式为：

$$N_W = \sum_{i=1}^{n} N_{Wi} \tag{2-25}$$

式中：N_W——废水排放量，t；

N_{Wi}——单项工程废水排放量，t。

(3) COD 排放量

本指标用于考核工程运营维护过程排放的废水所含的 COD 量。计算公式为：

$$N_{COD} = \sum_{i=1}^{n} N_{CODi} \tag{2-26}$$

式中：N_{COD}——COD 排放量，t；

N_{CODi}——单项工程排放的废水中 COD 量，t。

(4) CO 排放量

本指标用于考核工程运营维护过程消耗的汽油、柴油、重油等能源排放的 CO 量，主要来自于养护机械及运营管理车辆尾气排放。计算公式为：

$$N_{CO} = \sum_{i=1}^{n} N_{COi} \tag{2-27}$$

式中：N_{CO}——CO 排放量，t；

N_{COi}——单项能源排放的 CO 量，t。

(5) NO_x 排放量

本指标用于考核工程运营维护过程消耗的汽油、柴油、重油等能源排放的 NO_x 量，主要来自于养护机械及运营管理车辆尾气排放。计算公式为：

$$N_{NO} = \sum_{i=1}^{n} N_{NOi} \tag{2-28}$$

式中：N_{NO}——NO_x 排放量，t；

N_{NOi}——单项能源排放的 NO_x 量，t。

(6) 单位长度温室气体排放量

单位长度温室气体排放量是指运营维护过程中温室气体排放总量与道路总长度的比值。计算公式为：

$$W_G = \frac{N_G}{L} \tag{2-29}$$

式中：W_G——单位长度温室气体排放量，tCO_2/km；

N_G——运营过程中的温室气体排放总量，tCO_2；

L——道路总长度，km。

(7)单位长度废水排放量

单位长度废水排放量是指运营维护过程中废水排放总量与道路总长度的比值。计算公式为:

$$W_W = \frac{N_W}{L} \tag{2-30}$$

式中:W_W——单位长度废水排放量,t/km;
　　N_W——运营过程中的废水排放总量,t;
　　L——道路总长度,km。

(8)单位长度COD排放量

单位长度COD排放量是指运营维护过程中COD排放总量与道路总长度的比值。计算公式为:

$$W_{COD} = \frac{N_{COD}}{L} \tag{2-31}$$

式中:W_{COD}——单位长度COD排放量,t/km;
　　N_{COD}——运营过程中的COD排放总量,t;
　　L——道路总长度,km。

(9)单位长度CO排放量

单位长度CO排放量是指运营维护过程中CO排放总量与道路总长度的比值。计算公式为:

$$W_{CO} = \frac{N_{CO}}{L} \tag{2-32}$$

式中:W_{CO}——单位长度CO排放量,t/km;
　　N_{CO}——运营过程中的CO排放总量,t;
　　L——道路总长度,km。

(10)单位长度NO_x排放量

单位长度NO_x排放量是指运营维护过程中NO_x排放总量与道路总长度的比值。计算公式为:

$$W_{NO} = \frac{N_{NO}}{L} \tag{2-33}$$

式中:W_{NO}——单位长度NO_x排放量,t/km;
　　N_{NO}——运营过程中的NO_x排放总量,t;
　　L——道路总长度,km。

3）管理指标

（1）节能减排管理机构设置情况

本指标用于考核节能减排组织机构建设情况，主要从节能减排机构设置合理度、节能减排人员职能履行度和节能减排专项机构建设3个方面进行评价。考核节能减排管理机构的设置是否合理，成员指责是否明确，管理人员职责履行情况等。

（2）能源计量工具配备情况

本项指标反映工程是否配备了齐全的能源计量工具，是否能够对能源消耗情况及能源节约情况进行完善的统计。

（3）环境监测设施配备情况

本项指标反映工程是否设置了环境监测设施，是否能够有效掌握工程运营污染物达标排放情况。

（4）环境事故应急处置能力

本项指标用于考核管理部门是否有完善的事故应急处置能力，制订了详细的事故处置预案，是否有足够的事故处置人员、器材和材料等，以防止交通事故对环境造成污染。

（5）节能减排公报发布情况

本项指标用于考核管理部门是否制定了完善的节能减排公报发布制度与规范，是否能定期发布工程能源消耗、污染物排放以及节能减排统计结果。

第 3 章 节能减排核算体系

通过对港珠澳大桥工程建设期和运营期的能源消耗和污染物排放过程的系统分析,找出最能体现工程建设过程中的节能减排的关键指标,在节能减排总体指标体系框架内,从全生命周期角度出发,深入研究工程建设中节能减排关键指标在建设期和运营期的变化关系,有助于从全过程对工程建设的各个环节进行评价,提出科学而可行的港珠澳大桥节能减排实现途径和实施方案。

3.1 节能减排核算框架

3.1.1 工程建设期节能减排核算框架

(1)内源性节能减排核算框架

内源性能源消耗、温室气体排放和污染物排放是工程建设过程本身所产生的能源消耗、温室气体排放和污染物排放,仅包括本建设系统内实际发生的能源消耗、温室气体排放和污染物排放,诸如生产施工中的施工机械燃烧能源性物料所排放的二氧化碳、工程本身新占地植被改变引起土地碳排放量变化、施工人员的生活生产活动引起的碳排放量变化等,对外系统生产建材过程中排放的二氧化碳不计算在内。内源性能源消耗、温室气体排放和污染物排放核算主要包括三方面的内容:一是施工机械能源消耗、温室气体排放和污染物排放量;二是人工活动能源消耗、温室气体排放和污染物排放量;三是资源性改变引起的能源消耗、温室气体排放和污染物排放量,包括工程占地、取弃土场设置引起的土地利用方式改变、破坏植被、扰动土壤等因素变化而引起的能源消耗、温室气体排放和污染物排放变化量。计算框架如图 3-1 所示。人工活动碳排放、施工机械碳排放和施工人员生产生活活动引起的碳排放量,三者是互斥关系,联合组成内源性碳排放计量模型的三大主体。

其中,施工机械类别主要包括:汽(卡)车、推土机、压路机、平地机、拌和机(站)、挖掘机、空压机(组)、切缝机、装载机、起重机、卷扬机、桩锤和振动碾、焊机、拖轮驳船、钻机、空中作业车、内燃叉车、水泵、加热器等。对于小型机具,可纳入人工生产活动排碳体系核算。

资源性改变引起的节能减排核算主要包括土地利用改变(包括土地利用方式改变和土地利用类型改变等)、植被结构改变(包括树种结构变化和植被类型变化等)、地表土扰动(包括表层土搬移和表层土破坏等)、土壤碳库变化(包括土壤理化性质变化和土壤生物性质变化等)、水资源利用变化(包括水资源使用和水质、水文影响等)。

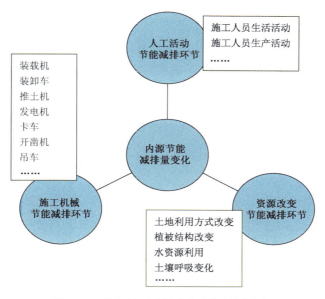

图 3-1　工程建设期内源性节能减排的计算框架

人工活动引起的节能减排核算主要包括生活行为和生产活动,其中生活行为主要包括灶具及生活设施燃油、施工人员交通燃油、灶具燃气、饮用水、污水处理、垃圾处理等,生产活动主要包括加热沥青、煤炭和木材燃烧、焊条燃烧、小型机具燃油、生产用水、污水治理、垃圾处理处置等。

(2)外源性节能减排核算框架

外源性能源消耗、温室气体排放和污染物排放量是工程建设过程中使用的建材等中间产品在外生产系统已经产生的能源消耗、温室气体排放和污染物排放量。工程过程中使用的建材主要有块石、砂砾、水泥、钢材、土木和合成品等。此外,在工程建设过程中会使用一些辅助工具,这些辅助材料在工程建设过程中存在内源性碳排放,而在计算外源性碳排放时可由这一时期外源性碳排放的折旧段进行计算,这部分数额相对于整个工程量很小,可以忽略不计,故只计算工程建设过程中使用的建材等材料。本建设系统内实时发生的能源消耗、温室气体排放和污染物排放量的排放不计算在内。

工程使用的材料可分为结构材料、装饰材料和某些专用材料。结构材料包括木材、竹材、石材、水泥、混凝土、金属、砖瓦、陶瓷、玻璃、工程塑料、复合材料等;装饰材料包括各种涂料、油漆、镀层、贴面、各色瓷砖、具有特殊效果的玻璃等;专用材料指用于防水、防潮、防腐、防火、阻燃、隔音、隔热、保温、密封等的材料。内源性能源消耗、温室气体排放和污染物排放量核算主要是这些原材料在生产过程中产生的能源消耗、温室气体排放和污染物排放量的核算。这些材料按原材料的不同可以分为两类：第一类为天然原材料，如木材、块石、卵（碎）石、沙等；第二类是经过工程合成的材料，包括水泥、钢筋、塑料、土木织物等。天然原材料的生产加工过程和工业制成品的能源消耗、温室气体排放和污染物排放量共同组成外源性能源消耗、温室气体排放和污染物排放量计算模型的两大主体。

3.1.2 工程运营期节能减排核算框架

（1）内源性节能减排核算框架

港珠澳大桥工程运营期内源性能源消耗和温室气体、污染物排放主要来自于隧道、桥梁、人工岛、管理中心等不同分类工程运营消耗的能源、水资源等，以及工程运营期路面养护机械、管理和运营所用车辆等。

隧道工程能源消耗主要包括通风、照明及其他三种类型，所用能源类型全部为电力。根据《港珠澳大桥主体工程初步设计》，通风采用射流风机诱导型纵向通风加重点排烟，照明灯具包括基本照明、加强照明、通道照明、引道照明、光过渡照明等，此外还包括空调、泵组、弱电系统、检修等其他能耗。

桥梁工程能源消耗主要来自于景观照明和功能照明两部分。

东西人工岛、珠澳口岸大桥管理区和综合管理中心能耗主要来自于照明、空调、新风系统、绿化等。

运营期路面养护能耗来源包括工程养护机械、管理养护和运营管理三类，其中工程养护机械包括各类养护施工机械，管理养护和运营管理包括行政用车、工程管理车、路政管理车和巡逻车等车辆。

（2）外源性节能减排核算框架

港珠澳大桥工程运营期外源性能源消耗和温室气体、污染物排放主要包括两部分：一是通过港珠澳大桥的各类型的所有车辆的燃料消耗，主要为汽油和柴油；二是养护过程中建筑材料生产的外源性能耗和排放，主要包括石油沥青、乳化沥青、砂、矿粉、石屑、碎石等。

3.2 能耗及排放核算方法

3.2.1 工程建设期能耗及排放核算

建设期的能源消耗、温室气体排放和污染物排放量由内源性和外源性能源消耗、温室气体排放和污染物排放组成。内源性能源消耗、温室气体排放和污染物排放是工程本身建设过程中直接的能源消耗、温室气体排放和污染物排放，外源性碳排放量是工程建设过程中因使用建材等材料在外生产系统已经产生的能源消耗、温室气体排放和污染物排放量。

计算模型如下：

$$\begin{cases} C_1 = C_{1N} + C_{1W} \\ C_{1N} = \sum_{i=1}^{n} C_{1Ni} = \sum_{i=1}^{n}\sum_{j=1}^{m} A_{iNj} X_{iNj} \\ C_{1W} = \sum_{i=1}^{n} C_{1Wi} = \sum_{i=1}^{n}\sum_{j=1}^{m} A_{iWj} X_{iWj} \end{cases} \quad (3-1)$$

式中： C_1——建设期能源消耗、温室气体排放和污染物排放量，t；

C_{1N}——建设期内源性能源消耗、温室气体排放和污染物排放量，工程本身建设过程中直接的能源消耗、温室气体排放和污染物排放量，t；

C_{1W}——建设期外源性能源消耗、温室气体排放和污染物排放量，工程建设过程中因使用建材等材料在外生产系统已经产生的能源消耗、温室气体排放和污染物排放量，t；

C_{1Ni}、C_{1Wi}——第 i 项工程（典型工程）的内源性、外源性能源消耗、温室气体排放和污染物排放量，t；

A_{iNj}、A_{iWj}——内源性、外源性能源消耗、温室气体排放和污染物排放系数，t/工程量单位；

X_{iNj}、X_{iWj}——可引起内源性、外源性能源消耗、温室气体排放和污染物排放量的第 i 工程的 j 环节的工程量；

i—— $i = 1,2,\cdots\cdots,n$，各类工程类型，即临时工程、路面工程、路基工程、桥梁工程、隧道工程、交叉工程、绿化环保工程、公共设施及管线工程、机电工程等；

j—— $j = 1,2,\cdots\cdots,m$，各类能源、资源、材料、人工等方面的用量，即机械燃用燃料、资源性改变、人工活动、建筑材料使用等方面可排碳环节产生的不同类别工程量，其中前三项为内源性能源消耗、温室气体排放和污染物排放量来源，后一项为外源性能源消耗、温室气体排放和污染物排放量的来源。

对于各类工程的施工机械、人工活动和资源性改变产生的能源消耗、温室气体排放和污染物排放核算，考虑施工过程的复杂性和施工机械及工况的多样性，必要时还可以考虑对工程量进一步细分。对于施工机械，可以区分各类机械各型号的各种工况，包括不同荷载下工况，如额定状况、满载状况、空载状况等；对于资源性改变影响，可以区分表示不同资源性利用或干扰方式的影响程度；对于人工活动，可以区分不同人工活动方式的排放强度。

实际计算过程中，考虑可操作性，对于能耗及碳排放、污染物排放系数，采取聚类分析法进行归一化处理。碳排放系数的确定，主要依据 IPCC 推荐方法以及《省级温室气体清单编制指南》方法，并参考国内外相关研究文献、类似工程案例和相关项目研究成果。能耗排放系数的确定，优先考虑已颁布的国内、国际标准，并将各类能源统一折算为标准煤。污染物排放系数的确定,采用物料衡算法,参照清洁生产标准、《燃料燃烧排放大气污染物物料衡算办法(暂行)》《第一次全国污染源普查工业污染源产排污系数手册(2010 修订)》等进行核算。

3.2.2 工程运营期能耗及排放核算

运营期的能源消耗、温室气体排放和污染物排放量由行驶车辆、工程配套设施正常运转等环节碳排放量和工程养护各项环节产生,均分别由各自的内源性和外源性能源消耗、温室气体排放和污染物排放量组成。计算模型如下:

$$\begin{cases} C_2 = C_{2C} + C_{2Y} = C_{2CN} + C_{2CW} + C_{2YN} + C_{2YW} \\ C_{2CN} = k\sum_{i=1}^{n} C_{2CNi} = k\sum_{i=1}^{n}\sum_{j=1}^{m} B_{CNij} Y_{CNij} \\ C_{2CW} = k\sum_{i=1}^{n} C_{2CWi} = k\sum_{i=1}^{n}\sum_{j=1}^{m} B_{CWij} Y_{CWij} \\ C_{2YN} = k\sum_{i=1}^{n} C_{2YNi} = k\sum_{i=1}^{n}\sum_{j=1}^{m} B_{YNij} Y_{YNij} \\ C_{2YW} = k\sum_{i=1}^{n} C_{2YWi} = k\sum_{i=1}^{n}\sum_{j=1}^{m} B_{YWij} Y_{YWij} \end{cases} \quad (3-2)$$

式中: C_2——运营期能源消耗、温室气体排放和污染物排放量(静态值),t;

C_{2C}——运营期车辆运输、工程配套设施运转的能源消耗、温室气体排放和污染物排放量,t;

C_{2Y}——运营期工程养护能源消耗、温室气体排放和污染物排放量,t;

C_{2CN}——运营期车辆运输、工程配套设施运转的内源性能源消耗、温室气体排放和污染物排放量,t;

C_{2CW}——运营期车辆运输、工程配套设施运转的外源性能源消耗、温室气体排放和污染物排放量,t;

C_{2YN}——运营期工程养护的内源性能源消耗、温室气体排放和污染物排放量,t;

C_{2YW}——运营期工程养护的外源性能源消耗、温室气体排放和污染物排放量,t;

C_{2CNi}——第 i 项车辆运输、工程配套设施运转的运营养护工作的年内源性能源消耗、温室气体排放和污染物排放量,t/a;

C_{2CWi}——第 i 项车辆运输、工程配套设施运转的运营养护工作的年外源性能源消耗、温室气体排放和污染物排放量,t/a;

C_{2YNi}——第 i 项工程养护的运营养护工作的年内源性能源消耗、温室气体排

放和污染物排放量,t/a;

C_{2YWi}——第 i 项工程养护的运营养护工作的年外源性能源消耗、温室气体排放和污染物排放量,t/a;

B_{CNij}、B_{CWij}、B_{YNij}、B_{YWij}——车辆运输、工程配套设施运转、工程养护的内、外源性能源消耗、温室气体排放和污染物排放系数,t/工程量单位;

Y_{CNij}、Y_{CWij}、Y_{YNij}、Y_{YWij}——车辆运输、工程配套设施运转、工程养护的可引起内、外源性能源消耗、温室气体排放和污染物排放的第 i 工作类别 j 环节工作量;

i——$i=1,2,\cdots\cdots,n$,车辆运输、工程配套设施运转、工程养护等运营工作中的各个类别;

j——$j==1,2,\cdots\cdots,m$,各个不同车型、不同燃料种类、不同机械类别、不同建材类别等所使用的量;

k——工程使用年限。

3.3 节能减排措施实施效果核算方法

为计算港珠澳大桥节能减排措施的节能减排效果,首先应计算单个措施的节能减排效果,在确保各单项措施相互独立、不存在交叉问题的基础上,再计算所有措施共同实施后总体节能减排量,核算方法如下:

$$\Delta C = C_1 - C_2 = \sum_{i=1}^{n}\sum_{j=1}^{n} C_{1ij} Z_{1ij} - \sum_{i=1}^{n}\sum_{j=1}^{n} C_{2ij} Z_{2ij} \tag{3-3}$$

式中:ΔC——所有措施实施后在建设年的能源消耗、温室气体排放和污染物排放变化总量,t,基准情景为初步设计方案,该值为负表示全套节能减排措施没有节能减排优化效果,反之则反;

C_1——节能减排措施实施前相关工程的能源消耗、温室气体排放和大气污染物排放量,t;

C_2——节能减排措施实施后相关工程的能源消耗、温室气体排放和大气污染物排放量,t;

C_{1ij}、C_{2ij}——第 j 项节能减排措施实施前和实施后第 i 项工程的工程量;

Z_{1ij}、Z_{2ij}——第 j 项节能减排措施实施前和实施后第 i 项工程的能源消耗、温室气体排放和大气污染物排放系数,t/工程量单位;

i——$i=1,2,\cdots\cdots,n$,各类工程类型,即路基工程、路面工程、桥梁工程、隧道工程、临时工程等;

j——$j=1,2,\cdots\cdots,m$,各项节能减排措施。

3.4 运距缩短节能减排效果核算方法

港珠澳大桥建成后主要替代以香港地区为交通始发地和目的地的社会交通量,可大大缩短其他地区尤其是珠江西岸地区与香港之间的行驶距离,有效降低周边区域与香港交通运输的能耗、温室气体排放和污染物排放。港珠澳大桥通道交通的节能减排,主要是通过陆路通道替代的交通量实现,对这两种交通方式的能源消耗、碳排放和污染物排放进行核算与评价,计算公式如下:

$$\Delta D = D_1 - D_2 = \sum_{i=1}^{n}\sum_{j=1}^{n} D_{1ij} Z_{1ij} L_{1ij} - \sum_{i=1}^{n}\sum_{j=1}^{n} D_{2ij} Z_{2ij} L_{2ij} \tag{3-4}$$

式中:ΔD——港珠澳大桥建成后通过的车辆运距缩短带来的能源消耗、温室气体排放和大气污染物排放减少量,t;

D_1——港珠澳大桥建成前外地进出香港的车辆能源消耗、温室气体排放和大气污染物排放量,t;

D_2——工程建成后通过港珠澳大桥进出香港的车辆能源消耗、温室气体排放和大气污染物排放量,t;

D_{1ij}、D_{2ij}——港珠澳大桥建成前和建成后不同车型能源消耗、温室气体排放和大气污染物排放系数,kgce/车公里、$kgCO_2$/车公里、kg污染物/车公里;

Z_{1ij}、Z_{2ij}——港珠澳大桥建成前和建成后不同地区进出香港的不同车型数量,辆/d;

L_{1ij}、L_{2ij}——港珠澳大桥建成前和建成后不同地区进出香港的车辆行驶里程,km;

i——$i=1,2,\cdots\cdots,n$,车辆类型,包括私家车、中型客车、大型客车、轻型货车、中型货车、重型货车等;

j——$j=1,2,\cdots\cdots,m$,进出香港的车辆始发地和目的地(珠海、中山、江门、广州、佛山等地区)。

第4章 节能减排核算与评价

4.1 核算方法及说明

4.1.1 内源核算方法与说明

1）一般性说明

本章对港珠澳大桥工程建设及运营过程中的能源消耗、碳排放和污染物排放进行核算与评价。关于节能减排核算方法和系数选择，说明如下：

（1）核算系数优先参考已颁布的国内、国际标准。在缺乏相关核算标准的情况下，根据统计年鉴和相关文献，进行综合分析后选择核算方法和参数。

（2）能耗核算参照《综合能耗计算通则》（GB/T 2589—2008），将建设及运营过程中消耗的各种能源，包括原煤、标煤、汽油、柴油、重油、电等统一折算为标准煤。

（3）节能减排优化是一个相对的概念。本书节能减排结果核算以《港珠澳大桥主体工程初步设计》为基准，对于施工图设计中采用的较大的改进方案、具体施工中采用的节能减排措施、未来运营过程中可能采用的较成熟的节能减排措施，核算其节能减排效果。

（4）核算过程中与工程活动规模、建筑材料用量及运营期通行车辆等相关的数据来源于《港珠澳大桥主体工程初步设计》。

2）能耗核算方法及说明

港珠澳大桥工程建设及运营过程中消耗的能源主要是原煤、汽油、柴油、重油、电力。能耗总量计算公式如下：

$$N = \sum_{i=1}^{n} a_i N_i \tag{4-1}$$

式中：N——工程建设中的能源消耗总量，tce；

N_i——第 i 类能源消耗实物量，t；

a_i——第 i 类能源的折标准煤系数，tce/t，电力折标准煤系数单位是 tce/万 kW·h；

i——第 i 类能源。

3）碳排放核算方法及说明

本书主要对建设及运营养护过程中的施工机械燃烧能源性物料的碳排放量进行核算，电力消耗没有直接排放温室气体和污染物，不列入内源核算。本书主要核算 CO_2，其他温室气体排放暂不列入核算对象。核算方法采用排放系数法，碳排放系数参照《2006年IPCC国家温室气体清单指南》和《省级温室气体清单编制指南（试行）》（发改办气候〔2011〕1041）等进行核算，未涵盖部分采用《综合能耗计算通则》（GB/T 2589—2008），根据含碳量和碳氧化率进行核算，计算公式如下：

$$\beta_{CO_2} = V \times C \times \eta \times 10^{-9} \times (44/12) \tag{4-2}$$

式中：β_{CO_2}——CO_2 排放系数，$kgCO_2/kg$；

V——燃料平均低位发热量，kJ/kg；

C——单位热值含碳量，t碳/TJ；

η——碳氧化率，%。

4）大气污染物排放核算方法及说明

本书主要对建设及运营过程中排放的 SO_2、CO、NO_x 等大气污染物进行核算，排放系数参照清洁生产标准、《燃料燃烧排放大气污染物物料衡算办法（暂行）》、《第一次全国污染源普查工业污染源产排污系数手册（2010修订）》等进行核算，如未涵盖则采用物料平衡法，根据元素含量和氧化率进行核算，计算公式如下。

（1）SO_2 排放量核算

燃料燃烧过程中 SO_2 的排放与燃料的含硫量有密切关系，根据硫元素守恒的规律，燃煤的 SO_2 排放量如下式所示：

$$G_{SO_2} = 2 \times 0.8 \times B \times S \tag{4-3}$$

式中：G_{SO_2}——SO_2 排放量，t；

B——燃料消耗量，t；

S——燃料的全硫分含量，%。

（2）CO 排放量核算

CO 是由于燃料燃烧不完全产生的污染物，它的产生量与煤的碳含量和燃烧不完全值相关，据碳元素守恒的规律，燃煤的 CO 排放量如下式所示：

$$G_{CO} = 2.33 \times B \times C \times Q \tag{4-4}$$

式中：G_{CO}——燃煤的 CO 排放量，t；

B——耗煤量，t；

C——燃煤中碳含量,%;

Q——煤的燃烧不完全值,%,燃煤燃烧不完全值取各种燃煤的平均值3.5%,燃油燃烧不完全值取2%。

(3) NO_x 排放量核算

本书根据工程建设中的燃料消耗量,采用燃烧过程产生 NO_x 的一般规律对 NO_x 排放量进行估算。化石燃料燃烧过程生成 NO_x 主要来源包括两种,一种是燃料型NO,来自于燃料中的含氮有机物,如喹啉 C_5H_5N、吡啶 C_9H_7N 等;另一种是温度型 NO_x,其浓度受燃料含氮量和温度的影响较大。燃料燃烧过程中 NO_x 计算如下式所示:

$$G_{NO_x} = 1.63B(\beta \times n + 10^{-6}V_y \times C_{NO_x}) \qquad (4-5)$$

式中:G_{NO_x}——燃煤生成的 NO_x,t;

B——耗煤量,t;

β——燃烧氮向燃料型NO的转变率,%,燃煤取经验数值25%,燃油取40%;

n——燃料中的氮含量,%,燃煤的含氮重量百分比取平均值1.5%;

V_y——1kg燃煤生成的烟气量,标 m^3/kg;

C_{NO_x}——燃烧时生成的温度型NO的浓度,mg/标 m^3。

5) 水污染物排放核算方法及说明

本书主要对建设及运营过程中排放的 BOD_5、COD、石油类和氨氮等水污染物进行核算。核算方法主要采用物料平衡法。在统计各分项工程建设过程中的水消耗量基础上,将用水量乘以污水产生系数得出污水排放量,参照污水排放标准计算得出水污染物排放量。

水污染物排放量核算中,污水产生系数采用经验数据0.8。水污染物的排放标准参照《水污染物排放限值》(DB44/26—2001)中的二级标准进行计算。

4.1.2 外源核算方法与说明

港珠澳大桥工程建设期及运营期外源性节能减排核算,主要针对建设材料生产过程的能耗、碳排放与污染物排放进行核算。其中,工程建设的材料投入主要来源于《港珠澳大桥主体工程初步设计》;各种材料生产的能耗或排放系数选择,需要参考既有的标准和研究文献,结合行业调查与咨询等方式获得。外源性节能减排核算需要重点关注和处理的一般性问题包括:材料的分类统计、核算系数选择或估算、单位换算与统一,以及分步核算等方面。

(1) 材料的分类统计

由于港珠澳大桥工程建设投入的材料种类复杂多样,目前难以一一确定核算系数,因此需要对既有初步设计报告中的材料投入进行分类,将材料的物理组成基本类似的材料进行归类合并,按照合并后的材料大类进行核算。具体分类处理结果见表4-1。

港珠澳大桥工程建设材料分类 表4-1

材料(j)	单位	分类(i)	材料(j)	单位	分类(i)
原木	m³	木材	板式橡胶支座	dm³	
锯材	m³		盆式橡胶支座(6 000kN)	套	
木柴	kg		盆式橡胶支座(7 000kN)	套	
枕木	m³	防腐木材	盆式橡胶支座(8 000kN)	套	
光圆钢筋	t		盆式橡胶支座(10 000kN)	套	合成橡胶
带肋钢筋	t		盆式橡胶支座(15 000kN)	套	
不锈钢钢筋	t	热轧钢筋	盆式橡胶支座(20 000kN)	套	
预应力粗钢筋	t		盆式橡胶支座(25 000kN)	套	
进口预应力粗钢筋	t		彩色橡胶板	m²	
钢管	t	焊接钢管	SLF液体环氧涂料	kg	
压重钢材	t		湿固化环氧树脂漆	kg	涂料
型钢	t		环氧富锌漆	kg	
钢板	t		土工布	m²	
圆钢	t	中厚板轧钢	琉璃纤维布	m²	布
钢轨	t		三维植被网	m²	
不锈钢滑板	kg		32.5级水泥	t	
聚四氟乙烯滑板	kg		42.5级水泥	t	水泥
铁件	kg		52.5级水泥	t	
铁钉	kg		石油沥青	t	
8~12号铁丝	kg	铸铁件	改性沥青	t	沥青
20~22号铁丝	kg		乳化沥青	t	
铁皮	m²		环氧沥青	t	
铸铁管	kg		重油	kg	重油
钢绞线	t		汽油	kg	汽油
风障拉索	m		柴油	kg	柴油
风障锚固钢棒	kg		煤	t	煤
平行钢丝斜拉索	t		电	kWh	电
斜拉索减震器	个		水	m³	水
波纹管钢带	t	钢(其他)	青(红)砖	千块	砖
钢钎	kg		砂	m³	
空心钢钎	kg		海砂	m³	
φ50mm以内合金钻头	个		中(粗)砂	m³	砂
φ150mm以内合金钻头	个		砂砾	m³	
钢丝绳	t		砂砾土	m³	
钢纤维	t		钢桥面铺装用砂	m³	

续上表

材料(j)	单位	分类(i)	材料(j)	单位	分类(i)
电焊条	kg	钢(其他)	黏土	m³	土壤
不锈钢电焊条	kg		片石	m³	块石
螺栓	kg		大卵石	m³	
镀锌螺栓	kg		块石	m³	
钢管桩	t		粗料石	m³	
钢护筒	t		碎石(2cm)	m³	碎石
钢套箱	t		碎石(4cm)	m³	
Q345C 钢管桩	t		碎石(6cm)	m³	
防撞钢套箱	t		碎石(8cm)	m³	
钢模板	t		碎石	m³	
组合钢模板	t		石屑	m³	
门式钢支架	t		路面用碎石	m³	
钢箱梁及桥面板	t		玄武岩碎石	m³	
钢塔	t		钢桥面铺装碎石	m³	
耐候钢锚箱	t		钢桥面铺装石屑	m³	
钢支座	t		压重混凝土	t	混凝土
钢砂	kg				
钢绞线群锚(3孔、7孔、12孔、19孔、22孔)	套				

(2) 核算系数选择或估算

核算系数优先选择国家的相关行业标准,尤其是清洁生产标准。清洁生产标准给出了各行业企业生产过程中清洁生产水平的三级技术指标:一级是国际清洁生产先进水平;二级是国内清洁生产先进水平;三级是国内清洁生产基本水平。考虑到港珠澳大桥工程项目的绿色采购和节能环保示范要求,核算系数优先选择清洁生产标准中的一级生产标准。

对于暂时没有国家行业标准的材料类别,可参考行业内相关文献资料和行业能源经济统计资料估算。对于材料生产过程的能耗结构,在相关资料缺乏的情况下,可暂时参考《中国能源统计年鉴》中对应行业的能耗结构。

对于国家标准与相关资料都缺少的材料类别,也可以考虑通过专家咨询获得核算系数。

(3) 单位换算与统一

在各项材料投入统计中,计量标准和口径不统一。为了统一换算为质量单位(t),以体积单位计数的材料,需要确定密度;以个数计数的材料,需要确定单个材料的标准质量;以长度单位计数的材料,需要确定单位长度的标准质量。

对于《港珠澳大桥主体工程初步设计》中以长度、套、件、平方米、立方米等为单位,并且构成不明、直径不明、密度不明的材料,在项目核算中暂纳入"不可核算材料"中。这会对项目总体核算造成误差,但如果后续调研与资料补充完善后达到可核算要求,则可在后期加入核算,以缩减误差。

4.2 能耗及排放核算

4.2.1 建设期能耗及排放核算

(1) 内源能耗及排放核算结果

经核算,港珠澳大桥工程建设期内源消耗能源总量约19.8万tce,CO_2排放总量约为35.3万t,见表4-2。其中,柴油占比最大,其消耗量占能源消耗总量的80%,CO_2排放量占CO_2排放总量的95.1%。

工程建设期内源能源消耗及CO_2排放量   表4-2

能 源 类 型	能源消耗量(万tce)	CO_2排放总量(万t)
重油	0.47	1.04
汽油	0.10	0.20
柴油	15.81	33.58
原煤	0.18	0.48
电力	3.22	—
总计	19.77	35.29

从各分项工程内源能耗和CO_2排放来看,隧道工程占比最大,能耗总量和CO_2排放总量占比分别为37.75%和40.02%;其次为人工岛工程,能耗总量和CO_2排放总量占比分别为36.07%和35.27%;再次为桥梁工程;交通工程能耗和CO_2排放占比很小,详见图4-1。

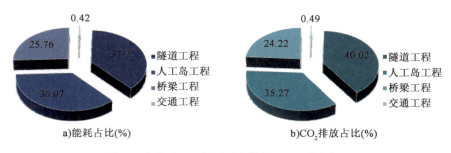

图4-1 各分项工程建设期内源能耗和CO_2排放占比

经核算,港珠澳大桥工程建设期内源SO_2、CO和NO_x排放量分别为4 216.04t、4 678.85t和250.86t,BOD_5、COD、石油类、氨氮排放量分别为167.88t、839.44t、55.96t和139.91t,详见表4-3。从各分类工程来看,隧道工程大气污染物排放量最大,所占比例与能耗占比基本一致;隧道工程各类水污染物排放量最大,排放占比超过53%,其次为桥梁工程,水污染物排放占比约为41%,人工岛工程水污染物排放占比仅为5%左右。

工程建设期内源大气及水污染物排放量核算(单位:t)　　　表4-3

工程名称	SO_2	CO	NO_x	BOD_5	COD	石油类	氨氮
桥梁工程	1 111.40	1 204.78	73.69	69.19	345.95	23.06	57.66
隧道工程	1 646.58	1 834.85	93.66	90.11	450.58	30.04	75.10
隧道人工岛	1 444.32	1 616.42	82.42	8.58	42.91	2.86	7.15
交通工程及沿线设施	13.74	22.81	1.09	—	—	—	—
合计	4 216.04	4 678.85	250.86	167.88	839.44	55.96	139.91

(2)外源能耗及排放核算结果

经核算,港珠澳大桥工程材料外源能耗为103.36万tce,外源CO_2排放量为261.94万t,见表4-4。其中,钢材外源能耗占比最高达到85.4%,外源CO_2排放量占比达到80.0%,是外源性能耗及CO_2排放的最主要来源;其次为水泥,其外源能耗占比为9.1%,外源CO_2排放占比为12.6%;再次为电力,其外源能耗占比为4.9%,外源CO_2排放占比为6.7%。其他橡胶、沥青、重油、汽油、原煤、水、氧气、乙炔等材料外源能耗及CO_2排放量均很小,几乎为零。

工程不同类型建筑材料外源能耗及CO_2排放量　　　表4-4

种类	外源能耗量(万tce)	外源CO_2排放量(万t)
钢	88.24	209.58
铁	0.46	1.37
水泥	9.06	33.12
柴油	0.51	0.43
电	5.08	17.44
合计	103.36	261.94

从各分项工程外源能耗和CO_2排放来看,桥梁工程占比最大,能耗总量和CO_2排放总量占比分别为67.65%和66.67%;其次为隧道工程,能耗总量和CO_2排放总量占比分别为30.88%和30.71%;人工岛工程和交通工程能耗和CO_2排放占比很小,详见图4-2。因此,节能减排管理中,针对外源能源消耗总量,应主要关注和控制桥梁工程和隧道工程的节能减排实施过程,将能耗降到最低。

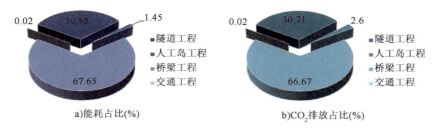

图4-2　各分项工程建设期外源能耗和CO_2排放占比

4.2.2 运营期能耗及排放核算

(1) 内源能耗及排放核算结果

经测算,港珠澳大桥工程运营期隧道、桥梁、人工岛、管理区以及路面养护设备的总能耗为 8 373.7tce/a,见表 4-5,其中隧道工程能耗最高,占总能耗的 72.14%;隧道工程能耗中,隧道通风能耗占比超过 40%。

港珠澳大桥工程能耗汇总表　　　　　　表 4-5

类　别	能耗(tce/a)	备　注
隧道工程	6 041.1	能耗类型为电
桥梁工程	458.5	能耗类型为电
人工岛工程	809.3	能耗类型为电
管理区	558.3	能耗类型为电
路面养护	506.5	能耗类型主要为柴油、汽油和重油,少量为电力
总能耗	8 373.7	

港珠澳大桥工程运营期主要能源类型为电,电力消耗过程中没有直接排放温室气体和污染物,不列入内源核算。内源性温室气体及大气污染物排放主要来自于工程养护机械和养护及运营管理车辆所用车辆消耗的柴油、汽油及重油,核算结果见表 4-6。可以看出,港珠澳大桥工程运营期内源性温室气体排放量为 907.68t/a,其中重油排放量最大,大约占 60%;SO_2、NO_x、CO 排放量分别为 11.08t/a、11.28t/a、20.77t/a,其中重油排放最大,占比分别为 86.4%、58.1% 和 47.8%。

港珠澳大桥运营期内源性温室气体及大气污染物排放量核算(单位:t/a)　　表 4-6

能源类型	CO_2 排放量	SO_2 排放量	NO_x 排放量	CO 排放量
柴油	149.81	1.39	1.89	2.86
汽油	216.29	0.12	2.84	7.98
重油	541.58	9.57	6.55	9.93
合计	907.68	11.08	11.28	20.77

经测算,港珠澳大桥运营期 COD、BOD_5 等内源性水污染物排放量分别为 21.93t/a、10.96t/a,主要来自于工作人员比较集中的管理区。

(2) 外源能耗及排放核算结果

根据港珠澳大桥工程不同水平年通行车辆及车型预测结果,测算通行车辆能耗及温室气体排放量,结果见表 4-7。可以看出,外源能耗及温室气体排放主要来自于柴油,主要原因是通行车辆车型主要为旅游巴士和相关货运车辆。由于港珠澳大桥尚未通车,本书根据《港珠澳大桥主体工程初步设计》预测结果进行计算,实际通行车辆情况与预测结果可能有较大差距。

港珠澳大桥工程通行车辆能耗及排放情况　　表4-7

年份	能耗(tce/a)			温室气体排放(tCO$_2$/a)			大气污染物排放(t/a)		
	汽油	柴油	合计	汽油	柴油	合计	SO$_2$	NO$_x$	CO
2016	3 920	38 174	42 094	7 806	81 215	89 021	759	1 378	2 018
2020	7 293	57 295	64 588	14 523	121 896	136 419	1 140	2 134	3 016
2030	14 313	91 571	105 884	28 501	194 818	223 320	1 825	3 534	4 870
2035	19 373	114 352	133 725	38 577	243 285	281 862	2 281	4 481	6 139

采用类比方法估算港珠澳大桥工程运营期养护维修建筑材料外源能耗及排放量,按照维修周期12年进行测算,主要建筑材料包括石油沥青、乳化沥青、砂、矿粉、石屑、碎石等,如表4-8所示。经测算,主要建筑材料外源能耗量为294.75tce/a,主要来自于石油沥青外源能耗,占比为88.6%,但与通行车辆外源能耗相比几乎可忽略不计。主要建筑材料外源温室气体排放量为661.34tCO$_2$/a,主要来自于石油沥青外源温室气体排放,占比为67.2%。主要建筑材料外源SO$_2$、NO$_x$、CO排放量分别为1.38t/a、1.34t/a、1.02t/a,主要来自于石油沥青,占比超过88%。

港珠澳大桥工程运营期养护过程中建筑材料消耗及其能耗情况　　表4-8

来源	能耗(tce/a)	温室气体排放量(tCO$_2$/a)	SO$_2$排放量(t/a)	NO$_x$排放量(t/a)	CO排放量(t/a)
建筑材料	294.75	661.34	1.38	1.34	1.02

需要说明的是,由于港珠澳大桥尚未通车,本书中运营期内源及外源能耗、温室气体及污染物排放核算均基于《港珠澳大桥主体工程初步设计》,并未考虑实际运营后可能的各种影响因素,工程通车运营后实际能耗、温室气体及污染物排放与本书核算结果可能有较大差异。

4.3 节能减排措施及效果核算

4.3.1 建设期节能减排措施及效果

1) 建筑材料清洁采购

清洁采购是指工程所采购的建筑材料,必须出具生产厂家的质量证明书,运到工地后,按规范要求进行抽样检查。使用标准、规范的材料,保证大桥建设的绿色和环保水平,也为剩余废料的回收和再利用提供条件,达到清洁生产要求。建筑行业钢材、水泥(混凝土)、玻璃、陶瓷及木材等建筑材料均是高能耗产品,其CO$_2$和污染物排放大部分来自于建材生产过程。通过清洁采购降低建筑材料生产过程的CO$_2$和污染物排放,是港珠澳大桥工程建设期节能减排的重要一环。

港珠澳大桥工程清洁采购主要包括钢材、水泥、砂石和土料、水资源清洁采购,具体要求

如下:

(1)钢筋清洁采购。工程所用钢筋必须出具生产厂家的质量证明书,运到工地后,按规范要求进行抽样检查,光圆钢筋符合《钢筋混凝土用钢 第1部分:热轧光圆钢筋》(GB 1499.1—2008)标准,带肋钢筋符合《钢筋混凝土用钢 第2部分:热轧带肋钢筋》(GB 1499.2—2007)标准,预应力钢绞线符合《预应力混凝土用钢绞线》(GBT 5224—2014)标准。钢筋骨架的绑扎安装须在预制厂进行,各类钢筋下脚料全部可以实现回收和综合利用,焊渣、焊条头等废弃物在预制场和海上施工作业点收集后,统一进行回收处理,模板采用大块钢模拼装,专业厂家制作完毕之后运至工地。

(2)水泥清洁采购。根据工程要求不同,所采用的各种强度等级的水泥一律由生产厂家出具合格证明,对于每批到场水泥均要进行抽检;为提高大桥建设的绿色和环保水平,桩基、承台、墩身、墩帽、箱梁预制等施工均采用散装水泥。选定配合比前,对粗细集料、水泥、拌和用水和外加剂等原材料进行单项抽检试验,符合规范要求后方可使用;通过严格控制,减少水泥浪费及由此而产生的废混凝土量。在各施工营地预制厂及桥梁施工沿线产生的废混凝土渣,全部实行定点收集,然后因地制宜用于路基填充材料,做到清洁生产,彻底避免向海岸、路边等地堆弃或倾倒。

(3)砂石与土料清洁采购。工程所需的全部砂料外购,并要求供砂单位提供合法的采砂证明,杜绝接受非法砂源,为保护生态环境做出贡献。

(4)工程用水清洁采购。在各个施工营地的预制厂建设废水处理设施;对于砂石料冲洗废水、预制养护废水等,采用多级沉淀池净化处理,清水进行循环回用,还可作为运输车辆设备冲洗或工地抑尘降尘喷洒用水。严格施工过程的环境管理,厉行节约用水,将节水指标纳入岗位责任制;提高施工用水重复率,降低废水排放量。

选取港珠澳大桥工程建设初步设计方案的建材外源排污系数一级和三级标准进行对比,用方案A和B来表示,对比分析其节能减排效果。A、B方案各主要工程外源SO_2排放量、NO_x排放量、COD排放量对比分析见图4-3。由图可以看出,港珠澳大桥工程建设外源SO_2排放量,方案B的排污量明显高于方案A的排污量,但NO_x排放量、COD排放量A方案与B方案基本一致,无明显差别。因此,从SO_2排放控制的角度看,应优先选择A方案,但从NO_x和COD排放控制的角度看,A方案与B方案差异不大。

因此,以不同排放标准为区分的清洁采购方案节能减排潜力比较有限,与建筑材料生产过程碳排放和污染物排放相比很小。建设期清洁采购应在保证建筑质量前提下,以节约建材使用量、采用更加清洁的建材替代钢材和水泥等传统建材为主要方案。

2)"四化"施工

工程施工组织管理具有很大的节能减排潜力,不仅能降低项目施工的成本,而且能有效进行节能减排。施工过程的节能减排优化设计能在项目各个阶段体现,如施工阶段的施工规划、大型构件的高效生产,施工场地的环境保护、污染控制等。因此优化施工、构件预制化对于大型工程节能减排、降低成本、保证施工进度和工程质量非常必要。

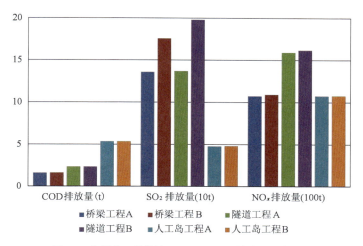

图4-3 各部分工程外源COD、SO_2、NO_x排放量方案对比

"四化"建设是指建筑构件施工上预制工厂化、标准化,工程施工上大型化、装备化,做到建筑材料高度利用不浪费,建筑施工过程污染可控制,施工工厂重复利用。通过"四化"施工管理,实现节能减排目标,并优质、高效完成建筑构件的预制任务,代表了今后中国大型建设项目工地施工管理的方向和趋势。现阶段,桥梁建设和设计越来越多地采用预制构件来节省拼装时间,更精细的预制系统还能提高生产原件的精确性,保证迅速装配,减少施工时间,促进节能减排。

港珠澳大桥工程"四化"施工应用主要体现在沉管预制化、箱梁预制化和钢圆筒预制化等方面。

(1)沉管预制化。港珠澳大桥主航道海底隧道作为港珠澳大桥的主体工程之一,考虑到其平纵线形、建设规模及今后长期的运营管理,下穿主航道的海底隧道工程采用平面直线方案,连接东隧道人工岛和西隧道人工岛,施工方案用沉管隧道法。长6.7km的沉管隧道是目前世界上已建和在建工程中最长的混凝土沉管隧道,为了将来30万t油轮满载通航,隧道基槽设计底高程最低约-45m;连接线桥梁和隧道的转换通过两个海中人工岛来实现,同时在海中人工岛上设置隧道的通风井。沉管隧道管节预制厂建设两条独立沉管预制流水作业线,每2个月可预制两节管节,预制采用工厂化流水作业。沉管隧道管节预制流程包括钢筋加工及绑扎、节段混凝土浇筑、节段顶推、管节起伏出坞等工序,节段混凝土能连续浇筑而不中断。港珠澳大桥施工顺利结束后,该预制厂还可能会继续承担珠三角地区其他大型工程预制构件的建造。

(2)箱梁预制化。港珠澳大桥工程采用箱梁预制化施工。例如,中山预制场承担着港珠澳大桥香港段连接线高架桥工程匹配梁的预制及出梁任务,预制场分3个预制作业区,根据模板数量、区域划分、生产效率、设备配置及存梁需要,预制场设6条短线预制生产线,包括长跨预制生产线、标准跨生产线和存梁区。中山预制场采用海外管理模式,材料及设备全部符合英标,预制场搅拌站获得了QSPSC认证。其成功经验为大型箱梁预制场提供了有益的参考。

(3)钢圆筒预制化。港珠澳大桥工程人工岛钢圆筒为国内直径最大、高度最高的钢圆筒结构,也是世界上体量最大的钢圆筒结构。

4.3.2 运营期节能减排措施及效果

在《港珠澳大桥主体工程初步设计》基础上,交通运输部公路科学研究院、招商局重庆交通科研设计院有限公司、中国科学院广州能源研究所等科研单位针对港珠澳大桥工程人工岛、海底隧道、珠澳口岸大桥管理区和综合管理中心,设计了太阳能海水源热泵、太阳能光伏发电、风光互补路灯等新能源利用措施,以及隧道通风控制系统、隧道照明控制系统等节能减排措施,部分措施已实际应用于港珠澳大桥工程。各节能措施介绍及节能效果评价如下。

(1)沉管隧道智能通风控制系统

港珠澳大桥沉管隧道采用"纵向通风加重点排烟方案",隧道在正常运营工况下采用纵向全射流通风方案,火灾工况下重点排烟。隧道通风系统的节能效果对隧道节能影响巨大。传统的隧道通风系统,被控对象与控制器输入量之间难以建立精确的数学模型,风机开启、交通量、隧道内污染物指标之间难以形成较为准确的匹配关系。

交通运输部公路科学研究院结合港珠澳大桥沉管隧道工程,提出了适用于长及特长公路隧道的智能通风控制系统,主要包括交通流预测模型、空气动力学模型、污染模型及智能模糊推理控制器4部分内容。针对港珠澳大桥沉管隧道的特点,利用多目标智能化控制方法与风机变频技术,研究在隧道风机最优运行效率与交通运营安全条件下的车辆平均行驶速度、交通运营安全、废弃物排放量三者之间的最佳匹配曲线,形成"主动式"的隧道风机控制方式与节能方法,建立高效运转、低值能耗、低量废弃物排放的港珠澳大桥海底沉管隧道通风系统,开发了隧道智能通风系统软件,对于隧道的运营节能具有重要的现实意义。

经计算,港珠澳大桥沉管隧道在采用综合节能技术及采用智能通风控制系统后,与初步设计方案相比,节能率达30%以上。

(2)人工光与自然光结合的隧道照明与照明控制系统

招商局重庆交通科研设计院有限公司对港珠澳大桥隧道段照明方案进行了优化,设计了人工光与自然光结合的隧道照明方案及智能化照明控制方案。采用LED灯具替代高压钠灯,采用双侧对称布灯,选择模块化的LED照明灯具,提高LED灯具的维护、更换性;考虑调光的灵活性,采用干线设计法,以避免回路设计法中电缆的浪费;应急照明按一级负荷中特别重要负荷供电,设置EPS(Emergency Power Supply)集中供电式应急电源装置作为应急电源。

调光控制算法是照明控制系统默认控制算法,控制依据 K 值及洞外亮度建立洞内亮度理论需求曲线,然后根据洞内亮度理论需求曲线进行灯具的动态调光控制,整个照明控制输出接近平滑曲线,可以快速响应跟踪照明需求曲线,得到最优的控制效果并能够达到节能的目的。隧道照明设计分为入口段、过渡段、中间段、出口段,其中入口段、中间段、出口段为亮度需求直线,相应灯具为整体 256 级对数调光;过渡段为亮度需求曲线,相应灯具为单灯 256 级对数调光。自动控制算法采用时间触发条件,每 5~10min 重新读取洞外亮度、交通量等参数,重新进行照明需求计算。

经计算,采用智能化照明控制优化方案后,港珠澳大桥隧道工程照明灯具功率下降约 56.5%。

(3) 人工岛太阳能光伏发电系统

中国科学院广州能源研究所针对港珠澳大桥工程,设计了东人工岛隧道进出口屋面并网光伏系统、西人工岛隧道进出口屋面并网光伏系统和西人工岛建筑光伏幕墙系统并接入市电。

其中,人工岛隧道进出口屋面光伏系统设计安装于东人工岛和西人工岛海底隧道进出口的屋面上方,设计容量 200kWp,由单晶硅太阳电池组件、组件支架、并网逆变器、直流和交流配电系统、防雷系统等构成。光伏幕墙系统设计安装于西人工岛会议中心边门厅上空的幕墙位置,设计系统容量 50kWp,由非晶硅太阳电池组件、组件支架、并网逆变器、直流和交流配电系统、防雷系统等构成。系统全部为并网运行方式,并网逆变器将光伏组件产生的直流电能逆变成与电网同电压、频率同相位的交流电,向岛上建筑负荷供电。

假定光伏电站场址周围全年每天无遮挡、大气空气清洁度较好、光伏组件按最佳倾角安装,根据太阳辐射数据,计算理论发电量,按照经验数据实际发电量平均约为理论值的 85%,按照太阳能光伏组件使用寿命 25 年、年衰减率 0.8% 计算,平均年发电量约为 40 万 kW。

(4) 东、西人工岛及桥梁应用风光互补路灯

中国科学院广州能源研究所针对港珠澳大桥工程东、西人工岛及桥梁设计了风光互补路灯,替代常规路灯进行道路照明,采用低压钠灯作为路灯光源,配置太阳电池板、风力发电机和蓄电池系统,可满足 4 天阴雨天气下路灯的正常工作。东、西人工岛设计在环岛道路的单边道路安装风光互补路灯,东人工岛可安装 50 座,西人工岛可安装 48 座。桥梁路段可安装风光互补路灯约 1 950 座。

经计算,东、西人工岛及桥梁应用风光互补路灯替代传统低压钠灯作为路灯光源,年节电量约 95 万 kWh/a。

(5) 东、西人工岛太阳能海水源热泵系统

中国科学院广州能源研究所针对港珠澳大桥工程,设计了太阳能海水源热泵三联供系统,实现太阳能直接供暖与供生活热水、海水源热泵冷热联供或太阳能海水源热泵联合制热等功

能,通过利用太阳能、海水源热泵等清洁能源代替电力供热,达到节能减排效果。

太阳能海水源热泵系统主要功能为:当太阳能加热蓄热水箱水的温度能达到要求的供暖或生活热水温度要求时,可直接进行供暖或生活热水,热泵机组停开,在夏季及过渡季节可以直接利用太阳能提供所需要的生活热水;当太阳辐射强度比较低,太阳能集热器的有效集热量为零甚至为负值,但用蓄热水箱中所储存的太阳辐射热量不能满足建筑物的热水需求时,可开启海水源热泵制取热水;在太阳能不十分充足的情况下,太阳能集热系统间歇运行,开启海水源热泵,使太阳能集热系统与水源热泵系统同时联合运行。

将此系统应用于港珠澳大桥工程东人工岛和西人工岛建筑,与常规"多联机 VRV 系统 + 电热水器"相比,年节能量为 305tce。

(6) 总体节能效果

根据分析,上述各项新能源利用措施及节能措施在应用上相互独立,不存在交叉问题,可同时采用。如上述各项措施全部应用于港珠澳大桥,可实现节能量 1 381.4 万 kW·h/a,折标准煤为 1 590.1tce/a,约占工程运营期总能耗的 19.0%,节能效果显著,见表4-9。虽然本书对上述所有节能减排措施的效果进行了核算,但考虑成本效益及其他原因,部分措施并未实际应用于港珠澳大桥工程。

港珠澳大桥工程节能措施节能效果 表4-9

序号	节能措施	节能效果 万 kW·h/a	节能效果 tce/a	应用对象
1	隧道前馈式智能模糊通风控制系统	773.7	950.9	海底隧道通风
2	人工光与自然光结合的隧道照明与照明控制系统	224.4	275.8	海底隧道照明
3	太阳能光伏发电系统	40.0	49.0	东人工岛、西人工岛
4	东、西人工岛及桥梁应用风光互补路灯	95.0	9.3	东人工岛、西人工岛及桥梁照明
5	太阳能海水源热泵系统	248.3	305.1	东人工岛、西人工岛
	合计	1 381.4	1 590.1	

从各单项措施来看,海底隧道通风控制系统节能潜力最大,占总节能量的 56.0%;其次为太阳能海水源热泵系统和海底隧道照明控制系统,分别占总节能量的 18.0% 和 16.2%。

从节能措施应用对象来看,海底隧道节能潜力最大,总节能潜力为 998.1 万 kW·h/a,占总节能量的 72.3%;其次为东、西人工岛,总节能潜力为 295.7 万 kW·h/a,占总节能量的 21.4%;其他区域节能措施占总节能量的 6.3%。

上述各项新能源利用措施及节能措施节约的能源类型均为电力,电力消耗过程中没有直接排放温室气体,因此节能措施温室气体减排量为间接减排量。根据《省级温室气体清单编制指南(试行)》,广东省所在的南方区域单位供电平均二氧化碳排放量为 $0.714 kgCO_2/kW·h$,据此计算得出实行上述新能源利用及节能措施之后,温室气体减排量为 $9\,863 tCO_2/a$。

4.4 工程节能减排效果评价

根据港珠澳大桥工程建设期能源消耗及温室气体排放核算结果,针对所构建的建设期可定量评价的节能减排指标体系进行评价,分析各指标评价结果,见表4-10,分项工程建设期内源性节能减排效果评价见表4-11。

港珠澳大桥整体工程建设期内源性节能减排效果评价　　　　表4-10

	指　　标	单　　位	评价结果
节能	总能耗	万 tce	123.2
	内源性能耗	万 tce	19.8
	外源性能耗	万 tce	103.4
	单位投资能耗	tce/万元	0.36
	单位投资内源性能耗	tce/万元	0.06
	单位投资外源性能耗	tce/万元	0.30
	单位长度能耗	tce/km	4.16
	单位长度内源性能耗	tce/km	0.67
	单位长度外源性能耗	tce/km	3.49
温室气体减排	温室气体总排放量	万 tCO_2	297.2
	内源性温室气体排放量	万 tCO_2	35.3
	外源性温室气体排放量	万 tCO_2	261.9
	单位投资温室气体排放强度	tCO_2/万元	0.87
	单位投资内源性温室气体排放强度	tCO_2/万元	0.10
	单位投资外源性温室气体排放强度	tCO_2/万元	0.77
	单位长度温室气体排放强度	tCO_2/km	10.04
	单位长度内源性温室气体排放强度	tCO_2/km	1.19
	单位长度外源性温室气体排放强度	tCO_2/km	8.85
污染物减排	内源性 SO_2 排放量	t	4 216.0
	内源性 CO 排放量	t	4 678.9
	内源性 NO_x 排放量	t	250.9
	内源性 BOD_5 排放量	t	167.9
	内源性 COD 排放量	t	839.4
	内源性石油类排放量	t	56.0
	内源性氨氮排放量	t	139.9

港珠澳大桥分项工程建设期内源性节能减排效果评价　　　　　　　表4-11

工程	指　标	单　位	评　价　结　果
隧道工程	内源性能耗	万tce	7.47
	单位投资内源性能耗	tce/万元	0.07
	单位长度内源性能耗	万tce/km	1.11
	内源性温室气体排放量	万tCO_2	14.13
	单位投资内源性温室气体排放强度	tCO_2/万元	0.13
	单位长度内源性温室气体排放强度	万tCO_2/km	2.09
人工岛工程	内源性能耗	万tce	7.14
	单位投资内源性能耗	tce/万元	0.17
	单位面积内源性能耗	万tce/hm^2	0.36
	内源性温室气体排放量	万tCO_2	12.45
	单位投资内源性温室气体排放强度	tCO_2/万元	0.30
	单位面积内源性温室气体排放强度	万tCO_2/hm^2	0.63
桥梁工程	内源性能耗	万tce	5.10
	单位投资内源性能耗	tce/万元	0.03
	单位长度内源性能耗	万tce/km	0.22
	内源性温室气体排放量	万tCO_2	8.55
	单位投资内源性温室气体排放强度	tCO_2/万元	0.05
	单位长度内源性温室气体排放强度	万tCO_2/km	0.37

根据港珠澳大桥工程运营期能源消耗、温室气体及污染物排放核算结果,以及上述各项节能措施、减排措施节能减排效果,针对所构建的运营期可定量评价的节能减排指标体系进行评价,分析各指标评价结果,港珠澳大桥整体工程运营期内源性节能减排效果评价见表4-12,分项工程运营期内源性节能减排效果评价见表4-13。

港珠澳大桥整体工程运营期内源性节能减排效果评价　　　　　　　表4-12

	指　标	单　位	评价结果	备　注
节能指标	运营总能耗	tce/a	8 373.7	包括隧道工程、桥梁工程、人工岛工程、珠澳口岸大桥管理区、综合管理中心、其他设施、路面养护等所有能耗
	单位长度运营维护能耗	tce/km·a	282.9	
	可再生能源利用量	tce/a	363.4	包括太阳能海水源热泵、太阳能光伏发电、风光互补路灯等可再生能源
	可再生能源使用比例	%	4.34	
	节能措施节能量	tce/a	1 226.7	包括隧道通风、隧道照明节能技术
	节能措施节能比例	%	14.6	

第4章 节能减排核算与评价

续上表

	指 标	单 位	评价结果	备 注
减排指标	温室气体排放量	tCO_2/a	907.7	仅包括油类消耗的直接排放,不包括电力间接排放
	废水排放量	万 t/a	34.5	包括东人工岛、西人工岛、珠澳口岸大桥管理区及综合管理中心的污水排放
	COD 排放量	t/a	21.9	
	CO 排放量	t/a	20.8	
	NO_x 排放量	t/a	11.3	
	单位长度温室气体排放量	$tCO_2/km \cdot a$	30.7	
	单位长度废水排放量	万 t/km·a	1.2	
	单位长度 COD 排放量	t/km·a	0.74	
	单位长度 CO 排放量	t/km·a	0.70	
	单位长度 NO_x 排放量	t/km·a	0.38	

港珠澳大桥分项工程运营期内源性节能减排效果评价　　　　表4-13

工 程	指 标	单 位	评价结果	备 注
隧道工程	隧道工程运营总能耗	tce/a	6 155.7	包括隧道通风、隧道照明及空调、泵组、弱电系统、检修等,能耗类型为电
	单位长度隧道运营维护能耗	tce/km·a	918.8	
	隧道照明节能量	tce/a	275.8	采用人工光与自然光结合的隧道照明与照明控制系统实现节能效果
	隧道通风节能量	tce/a	950.9	采用隧道前馈式智能模糊通风控制系统实现节能效果
	隧道节能比例	%	19.9	
	隧道内车辆尾气 CO 排放量	t/a	1 102.3	采用港珠澳大桥工程 2030 年车流量数据,估算通行车辆尾气排放的所有污染物
	隧道内车辆尾气 NO_x 排放量	t/a	799.9	
人工岛工程	人工岛工程运营总能耗	tce/a	809.3	包括东、西人工岛的照明、空调、新风系统、绿化等,能耗类型为电
	单位面积人工岛运营维护能耗	$tce/hm^2 \cdot a$	40.2	
	节能设施节能量	tce/a	363.4	假设采用太阳能海水源热泵系统、太阳能光伏发电系统、风光互补路灯等措施实现的节能效果,实际并未全部应用
	可再生能源使用比例	%	44.9	包括太阳能、海洋能、风能等可再生能源,实际并未全部应用
	废水排放量	万 t/a	9.7	主要为生活污水
	COD 排放量	t/a	5.8	
桥梁工程	桥梁工程运营总能耗	tce/a	850.4	包括桥梁路段的景观照明和功能照明,能耗类型为电
	单位长度桥梁运营维护能耗	tce/km·a	37.1	
	桥梁照明节能量	tce/a	107.4	采用风光互补路段替代桥梁路灯实现节能效果,实际并未全部应用
	桥梁节能比例	%	126.3	

需要说明的是,本书所构建的港珠澳大桥工程建设期及运营期节能减排指标体系中,所有定量指标均可进行定量评价,但考虑指标针对性以及评价结果的准确性,本书重点给出内源性能耗及温室气体排放指标。

4.5 同类工程节能减排对比分析

将港珠澳大桥的桥梁工程与隧道工程,同国内其他同类型的跨海跨江公路工程进行比较分析,评价港珠澳大桥建设期及运营期能耗和温室气体排放水平。经筛选,选取杭州湾大桥、苏通大桥和崇明隧道进行对比分析。

4.5.1 建设期节能减排效果对比

港珠澳大桥桥梁、隧道与同类工程内源能耗、CO_2 排放对比结果见表 4-14。由表可以看出,港珠澳大桥桥梁节能减排水平处于较低水平,主要原因是港珠澳大桥施工大量采用预制化施工工艺,有效降低了施工能耗,且部分能耗及 CO_2 排放由内源转化为了外源。但港珠澳大桥隧道能耗及温室气体排放明显高于其他同类工程,主要原因是港珠澳大桥隧道施工最大埋深达到海底约 40m,且采用沉管隧道法施工工艺复杂,因此能耗及碳排放均较高。

港珠澳大桥工程建设期内源能耗及碳排放对比　　　　表 4-14

大桥名称	长度(km)	单位投资内源能耗(tce/万元)	单位长度能源消耗(万 tce/km)	单位投资 CO_2 排放量(t/万元)	单位长度 CO_2 排放量(万 t/km)
港珠澳大桥桥梁	22.85	0.03	0.22	0.05	0.37
港珠澳大桥隧道	6.75	0.07	1.11	0.13	2.09
杭州湾大桥	35.7	0.18	0.59	0.31	1.06
苏通大桥	8.15	0.05	0.54	0.06	0.70
崇明隧道	8.96	0.005	0.07	0.0056	0.08

港珠澳大桥桥梁、隧道与同类工程外源能耗、CO_2 排放对比结果见表 4-15。由表可以看出,港珠澳大桥桥梁节能减排水平较高,但与其他桥梁工程基本可比,说明工程所用建材量与其他工程处于同等水平,但由于设计寿命较长,建筑材料使用量有所增加。但港珠澳大桥隧道能耗及温室气体排放明显高于其他同类工程,主要原因是港珠澳大桥隧道采用沉管隧道法方案,建筑材料使用量明显高于同类工程。

需要说明的是,崇明隧道内源、外源能耗及碳排放非常低,本书认为主要是核算结果受数据资料不完整所限,未能完全涵盖崇明隧道建设阶段所有材料消耗及施工设备机械,核算结果低于实际情况。但考虑港珠澳大桥隧道工程复杂性和施工难度,本书认为其内源、外源能耗及碳排放仍远高于崇明隧道。

港珠澳大桥工程建设期外源能耗及碳排放对比　　　　表4-15

大桥名称	长度(km)	单位投资内源能耗(tce/万元)	单位长度能源消耗(万tce/km)	单位投资CO_2排放量(t/万元)	单位长度CO_2排放量(万t/km)
港珠澳大桥桥梁	22.85	0.40	3.1	1.04	8.1
港珠澳大桥隧道	6.75	0.30	4.8	0.81	12.6
杭州湾大桥	35.7	0.48	1.6	1.22	4.0
苏通大桥	8.15	0.27	3.0	0.72	7.9
崇明隧道	8.96	0.02	0.3	0.06	0.8

4.5.2 运营期节能减排效果对比

针对港珠澳大桥工程运营期节能减排水平,本书选取主体工程单位里程能耗、隧道单位里程能耗、人工岛单位面积能耗、隧道单位里程通风能耗、隧道单位里程照明能耗等单项指标,与同类功能能耗水平进行对比分析。根据港珠澳大桥工程能耗情况分析,分析采取上述节能减排措施之后,港珠澳大桥工程节能减排效果与其他同类工程的对比情况。

根据唐珂对广东省17条双向四车道高速公路能源消耗情况分析结果,公路单位里程总能耗范围为6.31～27.59tce/km·a;长隧道和特长隧道单位里程能耗范围为104～196tce/km·a;服务区单位面积能耗范围为4.64～38.43tce/hm²·a。为了与港珠澳大桥工程具有可比性,将其同比例折算为双向六车道能耗,对比结果见表4-16。由表可以看出,由于港珠澳大桥工程的复杂性,即使采取了多项节能方案后,工程总体能耗及隧道能耗水平仍显著高于同类工程能耗水平,但人工岛单位面积能耗与同类工程服务区能耗相比处于较低水平。

港珠澳大桥工程节能减排指标与同类工程对比分析　　　　表4-16

指标	单位	港珠澳大桥工程	同类工程	对比分析	备注
主体工程单位里程能耗	tce/km·a	205.67	9.47～41.39	港珠澳大桥工程单位里程能耗显著高于同类工程	与同类工程能耗进行对比,考虑采用各项节能措施,不含路面维护能耗
隧道单位里程能耗	tce/km·a	718.57	156～294	港珠澳大桥工程隧道单位里程能耗显著高于同类工程	与同类工程长大隧道能耗进行对比,考虑采取隧道通风及隧道照明节能方案,不含路面维护能耗
人工岛单位面积能耗	tce/hm²·a	22.17	6.95～57.65	港珠澳大桥工程人工岛单位面积能耗位于较低水平	与同类工程服务区能耗进行对比,考虑太阳能、风能、海洋能利用等措施节能量

港珠澳大桥工程能耗水平显著高于其他同类工程的原因主要有三个方面:一是港珠澳大桥工程复杂,能耗来源多;二是港珠澳大桥隧道工程为海底隧道,其通风和照明能耗大大高于

其他同类工程隧道能耗;三是港珠澳大桥工程能耗量是根据设计方案计算得出的,而其他同类工程能耗量是根据实际统计结果得出的,根据调查部分高速公路开启隧道风机及其他设施的时间较短,降低了工程能耗量。

4.6　运距缩短节能减排效益分析

港珠澳大桥建成后,运距缩短带来巨大的节能减排效益,其核算首先预测港珠澳大桥建成后香港与内地的公路交通量,其次预测港珠澳大桥建成后交通影响区内新的最优路径与建成前最优路径进行对比,计算节省里程,在此基础上计算运输距离缩短带来的节能减排效果。

港珠澳大桥建成后,可能影响交通运输距离的区域主要包括:

(1)珠江西岸:珠海、中山、江门、粤西地区(包括阳江、茂名和湛江)。
(2)珠江东岸:深圳、东莞、惠州。
(3)珠江中部:广州、佛山、肇庆。
(4)广东其他地区:云浮、清远、韶关、河源、梅州、潮州、揭阳、汕头、汕尾。
(5)西南地区:云南、贵州、四川、西藏、重庆。
(6)中国其他地区。

经分析,与现有公路运输通道相比,港珠澳大桥建成后,澳门、珠海、中山、江门、肇庆及粤西地区车辆进出香港的运输距离明显缩短,详见表4-17,港珠澳大桥对其他地区车辆进出香港距离变化影响较小。

港珠澳大桥各影响地区的交通节省里程(单位:km)　　表4-17

地区	珠海	中山	江门	粤西	肇庆	澳门
建成前	187	151	177	526	250	195
建成后	50	100	133	458	233	39
节省里程	137	51	44	68	17	156

由表可以看出,珠海和澳门车辆通过港珠澳大桥进出香港,可节省里程超过130km,中山、江门及粤西地区车辆通过港珠澳大桥进出香港,可节省里程为40~60km。

以进出香港的现状客运和货运交通量为基础,预测港珠澳大桥工程建成后不同地区进出香港的客运和货运交通量,其中客运车辆包括私家车和旅游巴士,货运车辆主要为集装箱货物和普通散货车辆。计算港珠澳大桥工程建成后,运输距离缩短明显的澳门、珠海、中山、江门、肇庆及粤西地区车辆节能减排效果。

经计算,港珠澳大桥工程建成后,各地区进出香港的客运及货运车辆运距缩短可节能4 801.8tce/a,减少温室气体排放约1.5万 tCO_2/a,见表4-18。其中,货运车辆节能减排量占比达96.8%,客运车辆仅占3.2%。

港珠澳大桥车辆运距缩短节能减排效果　　　　　　　　表 4-18

地　区	节省里程(km)	节能量(tce/a)	温室气体减排量(t/a)
珠海	137	1 955.4	6 061.6
中山	51	1 310.8	4 063.5
江门	44	270.7	839.3
粤西	68	369.4	1 145.2
肇庆	17	31.7	98.4
澳门	156	863.8	2 677.8
总计		4 801.8	14 885.8

从各影响地区来看，港珠澳大桥对珠海市客货运输影响最大，占比达 40.7%；其次为中山市和澳门，节能减排占比分别为 27.3% 和 18.0%；江门市、肇庆市、粤西等其他地区客货运输节能减排量仅占 14.0%。港珠澳大桥建成后，对珠海市和中山市货运节能贡献最大，对澳门客运节能贡献最大。

第 5 章 节能减排核算系统

为实现高速公路工程节能减排核算体系工具化,依托"跨境隧-岛-桥集群工程节能减排指标体系研究",结合港珠澳大桥工程特点,构建了公路工程节能减排核算评价系统,可快速完成节能减排核算评价工作,并可应用于其他同类工程节能减排核算评价。港珠澳大桥节能减排核算系统登录界面如图 5-1 所示。

图 5-1 港珠澳大桥节能减排核算系统登录界面

5.1 系统建设目标

系统建设的目标是对核算方法与参数进行系统化、规范化与工具化,提高本书成果对相关工程实践的支撑服务水平。

其中:核算对象包括大桥工程建设过程能源消耗、温室气体排放和污染物排放。温室气体为 CO_2,污染物类型主要包括 SO_2、CO、NO_x、BOD_5、COD、石油类、氨氮。

5.2 系统结构设计

港珠澳大桥节能减排核算系统包括桥梁工程节能减排核算系统、隧道工程节能减排核算系统、人工岛工程节能减排核算系统以及交通工程及沿线设施节能减排核算系统 4 部分。每个子核算系统都包括以下 4 部分内容,如图 5-2 所示。

(1)基础信息库。由用户输入能源消耗量或工程材料使用量。

(2)核算参数库。提供默认的能源或者工程材料的能耗折算系数、CO_2 排放核算系数以及污染物排放参数(支持修改新建),包括:能源消耗系数、CO_2排放系数、燃料全硫分含量、燃料中氮的含量、燃料中氮的转化率、燃料的燃烧不完全值、燃料含碳量、水污染物排放标准以及工程材料的COD排污系数、SO_2排污系数、NO_x排污系数。

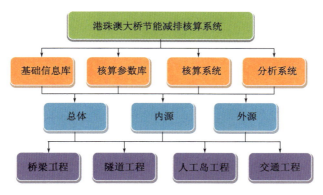

图 5-2　港珠澳大桥节能减排核算系统结构设计

(3)核算系统。内嵌燃料以及工程材料能耗、CO_2排放量以及污染物排放核算方法,通过用户需求设置,输出用户所需的核算统计表格。

(4)分析系统。可对比分析同一工程在不同参数下的相关指标,包括桥梁工程、隧道工程、人工岛工程及交通工程与沿线设施建设的总能耗、温室气体排放量、污染物排放量等。

5.3　系统主要功能

5.3.1　基础信息库

基础信息库分为内源库和外源库两大子库。主要是指工程建设能源消耗量和工程材料使用量等数据的管理,包括数据的导入、存储、查询、删除等。内源库和外源库又按工程类型分为桥梁工程库、隧道工程库、人工岛工程库和交通工程库。

(1)数据导入。选择或者输入工程名称,并选择子库类别即可导入基础数据,导入格式为Excel。数据导入界面如图5-3所示。

图 5-3　港珠澳大桥节能减排核算系统数据导入界面

(2)数据查看。在导入基础数据后,即可在系统中查看各工程和不同子库的相关数据。

(3)数据删除。在选择工程和数据子库后,即可删除相应的数据。数据管理界面如图5-4所示。

图 5-4　港珠澳大桥节能减排核算系统数据管理界面

5.3.2　基础参数库

基础数据库结构设计如图 5-5 所示。

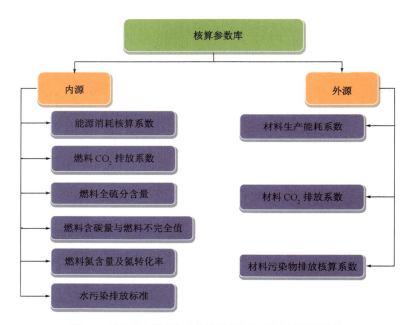

图 5-5　港珠澳大桥节能减排核算系统基础数据库结构设计

在核算参数库中，可实现参数的导入、新增、编辑、删除和参数来源查询等功能。

（1）参数导入。可按照内源、外源下的参数类别导入相关参数，导入的文件格式为 Excel。

（2）参数新增。用户可在不同的参数类别下手工新增参数。

（3）参数编辑与删除。在导入参数后，用户可在参数列表中对相关的系数进行编辑和修改。

（4）参数来源查看。用户可查询参数的来源和查看源文件。

基础数据库参数管理界面如图 5-6 所示。

60

图 5-6　港珠澳大桥节能减排核算系统基础数据库参数管理界面

5.3.3　核算系统

根据已导入的基础数据和核算参数,在核算系统中可实现指标数据的核算和指标评价。

(1)数据核算。可选择工程名称和参数版本,查询大桥总体、内源层次和外源的能耗总量、温室气体排放量、大气污染物排放量和水污染物排放量,结果可以表格或者图的形式展示,并可导出 Excel 格式的表格或者 png 格式的图片。

港珠澳大桥节能减排核算系统核算结果界面如图 5-7 所示。

图 5-7　港珠澳大桥节能减排核算系统核算结果界面

(2)指标评价:用户在输入工程的投资总额以及工程的长度或面积之后,即可计算相关的评价指标,包括单位投资的综合能耗、污染物排放量、CO_2 排放量以及单位长度或面积的综合能耗、污染物排放量、CO_2 排放量等,评价结果以表格的形式展示,并可导出 Excel 文件。

港珠澳大桥节能减排核算系统指标评价结果界面如图 5-8 所示。

指标评价

参数类别				
项目类型	隧-岛-桥集群工程	工程名称	1	
请输入投资额度	万元	请选择: ○长度(Km) ○面积(Km2)		

指标计算　EXCEL

隧-岛-桥集群工程指标评价结果

工程名称:1　投资额度:2222　桥梁长度:22km

		单位投资性能评价指标(t/万元)	单位投资内源性能评价指标(t/万元)	单位投资外源性能评价指标(t/万元)	单位长度综合性能评价指标(t/km)	单位长度内源性能评价指标(t/km)	单位长度外源性能评价指标(t/km)
综合能耗		124.8366	124.822	0.0147	12608.5015	12607.0208	1.4807
温室气体排放量		229.1157	229.0822	0.0335	23140.6818	23137.2992	3.3826
污染物排放量	SO2	2.1634	2.1634	0	218.5009	218.5009	0.0001
	CO	3.0026	3.0026	0	303.2633	303.2629	0.0004
	NOX	0.1574	0.1574	0	15.8968	15.8958	0.0009

隧-岛-桥集群工程水污染物排放标准指标评价结果

污染物类别	单位投资一级标准排放(t/万元)	单位投资二级标准排放(t/万元)	单位投资三级标准排放(t/万元)	单位长度一级标准排放(t/km)	单位长度二级标准排放(t/km)	单位长度三级标准排放(t/km)
BOD5	0.0002	0.0003	0.0032	0.0218	0.0327	0.3273
COD	0.0011	0.0016	0.0054	0.1091	0.1636	0.5455
氨氮	0.0002	0.0003	0	0.0164	0.0273	0
石油类	0.0001	0.0001	0.0002	0.0055	0.0109	0.0218

图 5-8　港珠澳大桥节能减排核算系统指标评价结果界面

5.3.4　分析系统

在分析系统中,用户可对比同一工程不同参数类别下的核算结果。可对比的工程类型包括大桥总体(桥梁工程、隧道工程、人工岛工程和交通工程)、内源层次(桥梁工程、隧道工程、人工岛工程和交通工程)、外源层次(桥梁工程、隧道工程、人工岛工程和交通工程),可对比的指标包括总能耗、温室气体排放量、污染物排放量等。港珠澳大桥节能减排核算系统不同参数分析界面如图 5-9 所示。

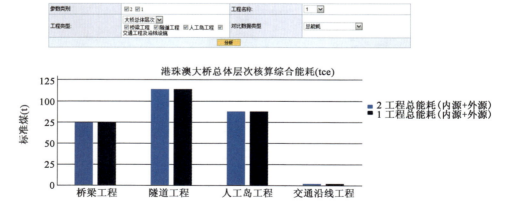

图 5-9　港珠澳大桥节能减排核算系统不同参数分析界面

5.4 系统非功能性指标

5.4.1 性能指标

系统的总用户数设计为 100,按并发用户数为总用户数的 10%～15% 估计,10 个并发用户操作性界面单一操作的系统响应时间小于 3s;复杂查询/统计/分析操作的系统响应时间小于 15s。

峰值情况支持最高 50 个并发用户,报错率小于 1%;正常情况支持 30 个并发用户稳定运行 8h,报错率小于 1% 的性能要求。

支持每年 10 万条记录数、50GB 的数据容量。

5.4.2 稳定性指标

系统应提供 7×24h 的连续运行,平均年故障时间 <1d,平均故障修复时间 <60min。

5.4.3 安全性指标

访问控制:登录用户需要区分一般用户和授权用户,不同角色的用户只能在权限内对数据进行查看和编辑;只有授权用户才能对软件的默认核算系数进行修改和另存。

通信保密性:禁止用户/口令明文存储和传输。

安全编程:避免常见的 SQL 注入、跨站和信息泄露等常见的应用层安全漏洞。

5.5 系统运行环境

5.5.1 硬件环境

(1)应用服务器

CPU:Intel Xeon E7450 2.40Ghz,内存:8G,硬盘:400G。

(2)数据库服务器

CPU:Intel Xeon MP 3.66Ghz,内存:8G,硬盘:6T。

5.5.2 软件环境

(1)应用服务器

操作系统:Windows server 2003。

中间件:JBOSS。

端口号:8086。

(2) 数据库服务器

操作系统:Windows server 2003。

数据库:oracle 10G。

(3) 客户端

浏览器:IE7 以上。

参 考 文 献

[1] Md. Shahriar, Paulo Souza, Greg Timms. On retrieving patterns in environmental sensor data[J]. Earth Science Informatics, 2012, 5(1):43-59.

[2] IE Agency. IPCC Guidelines for National Greenhouse Gas Inventories[J]. Energy, 2006, 2.

[3] Maria Grahn, Christian Azar, Kristian Lindgren. The role of biofuels for transportation in CO_2 emission reduction scenarios with global versus regional carbon caps[J]. Biomass and Bio-energy, 2009, 33(3):360-371.

[4] Pascal Poudenx. The effect of transportation policies on energy consumption and greenhouse gas emission from urban passenger transportation[J]. Transportation Research Part A, 2008, 42:901-909.

[5] Rickard Svensson, Mikael Odenberger. Transportation systems for CO_2 application to carbon capture and storage[J]. Energy Conversion and Management, 2004, 45:2343-2353.

[6] Kebin He, Hong Huo. Oil consumption and CO_2 emissions in China's road transport: current status, future trends, and policy implications[J]. Energy Policy, 2005, 33:1499-1507.

[7] Jacques Le'onardi, Michael Baumgartner. CO_2 efficiency in road freight transportation: Status quo, measures and potential[J]. Transportation Research Part D, 2004, 9:451-464.

[8] Wang Can, Chen Jining. Parameter Uncertainty in CGE Modeling of the Macroeconomic Impact of Carbon Reduction in China[J]. Tsinghua Science and Technology, 2006, 11(5).

[9] Camille Allocca, Qingyan Chen, Leon R. Glicksman. Design analysis of single-sided natural ventilation[J]. Energy and Buildings, 2003, 35:785-795.

[10] Elmualim A A. Effect of damper and heat source on wind catcher natural ventilation performance[J]. Energy and Building, 2006, 38(8):939-948.

[11] Awbi H B, Elmualim A A. Full scale model windcatcher performance evolution using a wind tunnel[J]. World Renewable Energy Congress, 2002.

[12] 王明年,田尚志,郭春,等.公路隧道通风节能技术及地下风机房设计[M].北京:人民交通出版社,2012.

[13] 王汉青.通风工程[M].北京:机械工业出版社,2007.

[14] Li Xinghua, Liu Jianchang, Xu Honglei, et al. Calculation of Endogenous Carbon Dioxide Emission during Highway Tunnel Construction: a Case Study[J]. International Symposium on Water Resource and Environmental Protection, 2011, 3:2260-2264.

[15] Li Xinghua, Liu Jianchang, Xu Honglei, et al. Counting Methodologies of Greenhouse Gases (GHG) Emission in Highway Life Cycle[J]. International Symposium on Water Resource and Environmental Protection, 2011, 3:2265-2268.

[16] 范建华.低碳经济的理论内涵及体系构建研究[J].当代经济,2010,(2).

[17] 金涌,王垚,胡山鹰,等.低碳经济:理念·实践·创新[J].中国工程科学,2008,10(9):4-13.

[18] 李胜,陈晓春.低碳经济:内涵体系与政策创新[J].科技管理研究,2009(10):41-44.

[19] 蔡闻佳,王灿,陈吉宁.中国公路交通业CO_2排放情景与减排潜力[J].清华大学学报(自然科学版),

2007,47(12):2142-2145.

[20] 蔡闻佳,王灿,陈吉宁.国际行业温室气体减排方法最新进展评述[J].气候变化研究进展,2010,6(1):47-52.

[21] 许光清,邹骥,杨宝路,等.控制中国汽车交通燃油消耗和温室气体排放的技术选择与政策体系[J].气候变化研究进展,2009,5(3):167-173.

[22] 何建坤,刘滨.作为温室气体排放衡量指标的碳排放强度分析[J].清华大学学报(自然科学版),2004,44(6):740-743.

[23] 陈文颖,高鹏飞,何建坤.用MARKAL-MACRO模型研究碳减排对中国能源系统的影响[J].清华大学学报(自然科学版),2004,44(3):342-346.

[24] 张志强,曲建升,曾静静.温室气体排放评价指标及其定量分析[J].地理学报,2008,63(7):693-702.

[25] 中国科学院可持续发展战略研究组.2009中国可持续发展战略报告[M].北京:科学出版社,2009.

[26] 夏堃堡.发展低碳经济实现城市可持续发展[J].环境保护,2008,2008(3):33-35.

[27] 邢继俊,赵刚.中国要大力发展低碳经济[J].中国科技论坛,2007(10):87-92.

[28] 胡涑洋.低碳经济与中国发展[J].科学与社会,2008(1):11-18.

[29] 黄栋.低碳技术创新与政策支持[J].中国科技论坛,2010(2):37-40.

[30] 徐大丰.低碳技术选择的国际经验对我国低碳技术路线的启示[J].科技与经济,2010,23(2):73-75.

[31] 高长明.我国水泥工业发展低碳经济的策略[J].新世纪水泥导报,2010,16(2):1-3.

[32] 张春霞,胡长庆,上官方钦,等.钢铁工业温室气体排放和减排措施[A].2007中国钢铁年会论文集[C].北京:冶金工业出版社,2007.

[33] 申文胜,崔金平,孙慧.低碳混凝土在高速公路工程中的应用[J].商品混凝土,2009(11):31-34.

[34] 李启明,欧晓星.低碳建筑概念及其发展分析[J].建筑经济,2010(2):41-43.

[35] 龙惟定,白玮,范蕊.低碳经济与建筑节能发展[J].建设科技,2008(24).

[36] 孔文轩.交通运输业向低碳时代迈进[J].综合运输,2010(4):78-80.

[37] 欧训民,张希良.中国低碳车辆技术现状与发展趋势[J].气候变化研究进展,2010,6(2):136-140.

[38] 陈亮.交通低碳燃油的标准化工作研究进展[J].新材料产业,2009(5):64-66.

[39] 肖俊涛.论我国低碳汽车税制的构建[J].税务与经济,2010(2):100-103.

[40] 刘娜,顾凯平.中国区域碳循环研究进展[J].安徽农业科学,2009,37(17):8081-8084,8086.

[41] 戴民汉,翟惟东,鲁中明,等.中国区域碳循环研究进展与展望[J].地球科学进展,2004,19(1):120-130.

[42] 赵荣钦,黄贤金,徐慧,等.城市系统碳循环与碳管理研究进展[J].自然资源学报,2009(10):1847-1859.

[43] 查同刚,张志强,朱金兆,等.森林生态系统碳蓄积与碳循环[J].中国水土保持科学,2008,6(6):112-119.

[44] 王萍.森林碳循环模型概述[J].应用生态学报,2009,20(6):1505-1510.

[45] 王兵,王燕,赵广东,等.中国森林生态系统碳平衡研究进展[J].内蒙古农业大学学报,2008,29(2):194-199.

[46] 毛留喜,孙艳玲,延晓冬.陆地生态系统碳循环模型研究概述[J].应用生态学报,2006,17(11):

2189-2195.

[47] 朱学群,刘音,顾凯平.陆地生态系统碳循环研究回顾与展望[J].安徽农业科学,2008,36(24):10640-10642,10662.

[48] 王春权,孟宪民,张晓光,等.陆地生态系统碳收支/碳平衡研究进展[J].资源与环境,2009,25(2):165-171.

[49] 仝川,曾从盛.湿地生态系统碳循环过程及碳动态模型[J].亚热带资源与环境学报,2006,1(3):84-92.

[50] 黎明,李伟.湿地碳循环研究进展[J].华中农业大学学报,2009,28(1):116-123.

[51] 张文菊,童成立,吴金水,等.典型湿地生态系统碳循环模拟与预测[J].环境科学,2007,28(9):1905-1911.

[52] 刘允芬.农业生态系统碳循环研究[J].自然资源学报,1995,(1).

[53] 刘允芬.中国农业系统碳汇功能[J].农业环境保护,1998,17(5):197-202.

[54] 周海春.浅析公路绿化[J].重庆交通大学学报(社会科学版),2003(S1):143-144.

[55] 翟文丰,乔孟军.谈公路环保科学技术的发展[J].森林工程,2004,20(3):56-58.

[56] 刘炳.浅谈公路施工环境保护及环境影响评价[J].交通科技,2005(1):110-111.

[57] 林志慧.坚持科学发展打造"两型交通"——神宜公路建设的成功实践与启示[J].政策,2008(10):26-29.

[58] 林丹丹.高速公路服务区规划与设计理念创新[J].华东公路,2009(5):57-59.

[59] 张在龙.基于可持续发展的我国道路运输业节能减排研究[D].成都:西南交通大学,2009.

[60] 陈秀波.浙江省道路运输客运业节能减排评价指标体系研究[D].西安:长安大学,2008.

[61] 习江鹏.道路运输节能减排问题研究[D].西安:长安大学,2008.

[62] 侯立文.城市道路交通可持续发展规划的技术支持研究——交通分配、可靠性和系统评价[D].上海:上海大学,2001.

[63] 杨新秀.湖北省道路运输行业节能减排评价研究[D].武汉:武汉理工大学,2008.

[64] 唐义.湖北省客运集团节能减排评价研究[D].武汉:武汉理工大学,2011.

[65] 余南强.浙江省道路运输业节能减排评价指标体系研究[D].西安:长安大学,2008.

[66] 吕安涛,张存保,石永辉,等.山东省港航系统节能减排评价指标体系研究[J].交通信息与安全,2009,27(6):52-54.

[67] 凌强.上海绿色港口评价指标体系初步研究[J].港口科技,2010(1):4-7.

[68] 张尊华.港航系统节能减排评价方法研究[D].武汉:武汉理工大学,2009.

[69] 李琪.我国港口节能减排评介指标体系研究[D].大连:大连海事大学,2010.

[70] 崔凯杰.港口建设环境承载力评价指标体系及计算[D].咸阳:西北农林科技大学,2008.

[71] 唐珂.高速公路营运期能耗水平分析与测算方法研究[D].西安:长安大学,2013.

[72] 王传瑜,张亚敏,冯锡荣,等.港口企业节能减排评价指标体系设计[J].水运工程 2010,11:45-48.

[73] 卞耀武.中华人民共和国大气污染防治法释义[M].北京:法律出版社,2001.

[74] 方品贤,江欣,奚元福.环境统计手册[M].四川:四川科学技术出版社,1985.

[75] 潘美萍.基于LCA的高速公路能耗与碳排放计算方法研究与应用[D].华南理工大学,2011.

[76] 杜红昭.隧道内汽车尾气净化新材料制备与性能研究[D].西安:长安大学,2012.

[77] 蔡皓,谢绍东.中国不同排放标准机动车排放因子的确定[J].北京大学学报:自然科学版,2010,46(3):319-326.

[78] 孙丽玮,王生昌.基于碳平衡法的柴油车燃油消耗计算模型[J].小型内燃机与摩托车,2010,39(2):67-69.

[79] 刘瑞昌,王云鹏.汽油含碳量与汽油密度的关系模型[J].公路交通科技,2004,21(3):121-123.

[80] 李德英.基于模糊神经网络的公路隧道纵向通风控制研究[D].成都:西南交通大学,2002.

[81] 李向阳,翁小雄,张梅,等.高速公路隧道纵向通风的智能控制[J].华东理工大学学报,2002,(s1):60-63.

[82] 陈雪平.公路隧道前馈式智能模糊通风控制系统的研究[D].广州:广东工业大学,2008.

[83] 朱德康.基于智能控制的隧道通风节能系统的研究[D].长沙:湖南大学,2008.

[84] 王明年,汤召志沉管隧道自动捕风节能系统研究[J].土木工程学报,2013.8:105-110.

[85] 孙一坚.工业通风[M].北京:中国建筑工业出版社,1984.

[86] 黄惠斌.基于PSO优化的模糊控制在隧道通风中的应用[D].长沙:湖南大学,2009.

[87] 涂耘,史玲娜,王小军.基于视觉特性的短隧道照明节能设计研究[J].照明工程学报,2016,27(1):28-31.

[88] 刘兴茂,史玲娜,涂耘,等.隧道入口段太阳光直接照明的光能分析[J].照明工程学报,2015,6:91-96.

[89] 涂耘,史玲娜,王小军.公路隧道按需照明节能运营控制技术应用[J].公路交通技术,2015,6:113-126.

[90] 刘瑾,李璐,汪鹏,等.港珠澳大桥跨海大桥人工岛可再生能源利用方案研究[J].建筑技术,2013,44(2):128-130.

[91] 李劲彬,陈隽.风光互补可再生能源发电的综合效益优化研究[J].电气自动化,2013,35(5):24-26.

索　引

b

标准煤　Ton of Standard Coal Equivalent ……………………………………… 16

c

沉管隧道　Immersed Tube Tunnel ………………………………………………… 47
初步设计　Preliminary Design …………………………………………………… 32

f

风光互补路灯　Wind-PV Hybrid Streetlight …………………………………… 49

h

海底隧道　Undersea Tunnel ……………………………………………………… 11
海水源热泵　Sea Water Source Heat Pump …………………………………… 49
含碳量　Carbon Content ………………………………………………………… 38
核算体系　Accounting System …………………………………………………… 30

j

间接排放　Indirect Emission …………………………………………………… 26
建设期　Construction Period …………………………………………………… 8
节能减排　Energy Saving and Emission Reduction …………………………… 1
聚类分析法　Accumulation Analysis Method …………………………………… 33

k

可再生能源　Renewable Energy ………………………………………………… 23
跨海桥梁　Cross-Sea Bridge …………………………………………………… 23

n

内源　Endogenous ………………………………………………………………… 8
能源消耗　Energy Consumption ………………………………………………… 2

p

排放系数法　Emission Coefficient Method …………………………………… 38

q

清洁采购　Clean Procurement ………………………………………………… 45

清洁生产　Clean Production ·· 41
全生命周期　Whole Life Cycle ··· 3

r

人工岛　Artificial Island ··· 1

s

实物量　Physical Quantity ·· 37

t

太阳能光伏　Solar Photovoltaic ··· 48
碳氧化率　Carbon Oxidation Rate ·· 38

w

外源　Exogenous ··· 8
温室气体排放　Greenhouse Gas Emission ··· 8
污染物排放　Pollutant Discharge ··· 8
物料衡算法　Material Balance Calculation Method ······························ 34

y

预制化　Prefabrication ·· 47
运营期　Operation Period ··· 8

z

直接排放　Direct Emission ··· 38
指标体系　Index System ··· 2
智能化照明控制　Intelligent Lighting Control ····································· 48
智能通风　Intelligent Ventilation ··· 48

后　　记

　　绿色交通发展是国家生态文明建设和美丽中国的重要内容，也是交通强国的应有特征。随着我国交通基础设施建设和公路客货运输规模的快速发展，行业对绿色交通建设的重视程度越来越高，其中高速公路节能环保是最关键的内容，也是节能减排潜力最大的领域。

　　虽然本书构建了高速公路工程节能减排指标体系与核算系统，并针对港珠澳大桥进行了定量核算，但由于工程建设复杂、节能减排环节众多，而且定量核算需要大量的数据支撑，现阶段工程建设管理和数据收集尚不足以完全支撑核算工作开展。本书主要依据工程初步设计方案进行研究，核算体系及核算结果仍有众多待完善之处。下阶段应深入开展公路工程节能减排核算边界研究，完善全生命周期评价理论应用的系统边界；进一步完善节能减排指标体系与核算方法，提高核算体系对不同公路工程的适用性；开展公路工程建设及运营管理研究，提出节能减排数据库建设及管理制度建议；扩大开展节能减排核算的公路工程范围，提出公路工程建设及运营的节能减排水平评价标准，支撑绿色公路标准规范制定。

　　由于港珠澳大桥涉及隧、岛、桥等多项工程，组成复杂，本书所构建的高速公路工程节能减排指标体系与核算系统，既可适用于一般性高速公路工程，也可适用于跨江跨海隧道和桥梁工程，还可适用于普通国省道工程，具有较高的适用性。本书所形成的节能减排指标体系与核算系统等成果，在进一步完善后，对推动我国公路工程的节能减排工作开展，促进工程建设和运营的节能减排水平提升，具有重要的参考价值和借鉴意义。

作者

2018 年 1 月

图书在版编目(CIP)数据

港珠澳大桥工程节能减排评价方法及应用/李兴华等著. —北京:人民交通出版社股份有限公司,2018.3
ISBN 978-7-114-14620-6

Ⅰ.①港… Ⅱ.①李… Ⅲ.①跨海峡桥—桥梁工程—节能减排—技术评估—研究—中国 Ⅳ.①U448.19

中国版本图书馆 CIP 数据核字(2018)第 057779 号

"十三五"国家重点图书出版规划项目
交通运输科技丛书·公路基础设施建设与养护
港珠澳大桥跨海集群工程建设关键技术与创新成果书系
国家科技支撑计划资助项目(2011BAG07B05)

书 名:	港珠澳大桥工程节能减排评价方法及应用
著 作 者:	李兴华 苏权科 刘建昌 孔雷军 傅毅明 刘胜强 等
责任编辑:	周 宇 王景景 等
责任校对:	赵媛媛
责任印制:	张 凯
出版发行:	人民交通出版社股份有限公司
地 址:	(100011)北京市朝阳区安定门外外馆斜街 3 号
网 址:	http://www.ccpress.com.cn
销售电话:	(010)59757973
总 经 销:	人民交通出版社股份有限公司发行部
经 销:	各地新华书店
印 刷:	北京雅昌艺术印刷有限公司
开 本:	787×1092 1/16
印 张:	5.5
字 数:	99 千
版 次:	2018 年 3 月 第 1 版
印 次:	2018 年 3 月 第 1 次印刷
书 号:	ISBN 978-7-114-14620-6
定 价:	60.00 元

(有印刷、装订质量问题的图书,由本公司负责调换)